U0734460

当代中等职业学校

英语教育教学与实践研究

史文哲 著

中国纺织出版社有限公司

图书在版编目（CIP）数据

当代中等职业学校英语教育教学与实践研究 / 史文哲著 . -- 北京 : 中国纺织出版社有限公司 , 2020.9

ISBN 978-7-5180-6976-7

Ⅰ . ①当… Ⅱ . ①史… Ⅲ . ①英语课—教学研究—中等专业学校 Ⅳ . ① G633.412

中国版本图书馆 CIP 数据核字 (2019) 第 262840 号

责任编辑：郭 婷　　　责任校对：高 涵　　　责任印制：储志伟

中国纺织出版社有限公司出版发行

地址：北京市朝阳区百子湾东里 A407 号楼 邮政编码：100124

销售电话：010 — 67004422　传真：010 — 87155801

http://www.c-textilep.com

官方微博 http://weibo.com/2119887771

三河市延风印装有限公司印刷　　　各地新华书店经销

2020 年 9 月第 1 版第 1 次印刷

开本 :710×1000 1 / 16 印张 :14

字数 :210 千字　　定价 :52.00 元

前　言

随着经济全球化的发展、国际间交往的频繁化,英语的重要性地位越来越显著。中等职业学校英语教育教学在培养社会合格建设人才的过程中起着越来越重要的作用。当前,我国的中等教育水平正在不断进步,由于市场经济形势发展迅速,毕业学生的就业竞争压力倍增,社会形势对于中等职业学生的综合能力要求不断提高,英语学习成为学生为适应社会而必须掌握的一项基本技能。英语综合水平的提高既便于学生与他人交流,也使学生有机会获得更多理论知识,并且能够开阔眼界,它有助于学生的择业和继续深造,对于其社会发展而言非常重要。

中等职业学校教育作为偏重职业性的教育阶段,对于英语教学尤其看重,因为社会对就业人群的英语有一定的要求,所以我们对当代中等职业学校英语教育教学应给予高度重视。本书在探究我国英语教育教学的当代发展、英语教育教学的基本理论、英语教育教学的主要原则、中等职业学校英语教育教学的问题与对策的基础上,着重对当代中等职业学校英语教育教学与实践进行研究,内容主要涉及中等职业学校英语教育教学的方法、中等职业学校英语知识教学、中等职业学校英语课堂教育教学实践等多个方面。而第二章与第三章是本书的两个亮点所在:第二章中等职业学校英语教育教学的方法全面论述了英语教育教学方法;第三章中等职业学校英语知识教学主要研究了英语语音教育教学、英语词汇教育教学以及英语语法教育教学。

本书既研究了以往的且仍在发挥作用的相关理论,又结合西方的变化全方位地探讨当代中等职业学校英语教育教学与实践。希望本书能够对当代中等职业学校英语教育教学有一定的帮助。

本书的撰写得到了许多专家学者的指导和帮助，在此表示诚挚的谢意。由于笔者水平有限，加之时间仓促，书中有不尽如人意处在所难免，欢迎各位读者积极批评指正，笔者会在日后进行修改，使之更加完善。

史文哲

2020 年 1 月

目 录

第一章　绪　论

在当今快速发展的时代，英语是一种全球性语言，具有很高程度的通用性，它的通用性不仅体现在语言交际之中，而且体现在计算机语言、科技术语和国际交通、日常生活之中。因此本章论述中国英语教育教学的当代发展探究、英语教育教学的基本理论、英语教育教学的主要原则、中等职业学校英语教育教学的问题与对策。

第一节　中国英语教育教学的当代发展探究

自中华人民共和国成立起，对于学生的教育就越来越重视，尤其是英语教学，经历了快速发展的阶段，和过去比较而言，新时期的英语教学不仅教学水平大幅度提升，办学规模和理论的探究过程都在不断进步。在中国的经济和政治发展的情况下，英语教学的发展水平参差不齐，速度也有很大区别。结合各阶段形势，英语教学被分成三个时期，即"俄语热"时期、英语"复兴"时期、英语"高速发展"时期❶。

一、"俄语热"时期（1949—1957 年）

在中华人民共和国成立初期，英语教学水平相对较弱，国内的教学方式和教材对比中华人民共和国成立之前没有明显改变，然而教学目标发生了改变，英语教学要开始为无产阶级的政治理想贡献理论，也要帮助建设我国的事业。1953 年，我国开展第一个五年计划，众多行业都有了较大发展，开始向苏联看齐，培养了一批掌握俄语的标兵，帮助国家进行各项建

❶ 曹倩瑜 . 英语教学理论与教学法 [M]. 西安交通大学出版社，2017.

设工作，因此俄语受到关注，从而引发了一场俄语学习的高潮。此外，从1952年起，我国的批判亲美运动，以及掌握敌人语言即对国家缺乏忠诚的认知为英语教学带来了许多阻力，所以英语教学渐渐在学校消失。

1954年，俄语变成学校中仅有的外语，次年英语教学才有了变化，人们开始发现抵制英语学习的方式并不可取。我国的科技发展使得我国人民既要了解俄语，还要掌握一门国际通用的语言，即英语。所以，这一时期的中学课程增加了英语教学。然而，学校当时的教学思路受到了苏联的影响，仅仅关注语法的学习，忽略了英语语言的实践。学校中多采用苏联的教育方式，即"三个中心"的思路，把课堂教学作为重点，将教师视作教学的中心，只重视教材的学习。在授课过程中教师教导英语语法知识，学生听课，也就是所谓"填鸭式"的教学思路。

专业的英语教学发生了很大变化，中华人民共和国成立初期，全国有约50所学校开设了英语课程，而在1953年之后，我国高校开始调整，仅有9个英语教育点，英语教育进入低谷。在1956年一次研讨会中有人提出，在国家科技发展的过程中，英语教育不可或缺，因此必须重视英语教育，大力发展针对外语书籍的翻译活动。这一时期，我国高校的外语教学才有了进步。截至1956年年底，英语课程又被23所学校重新纳入教学课程，开启了英语教育新阶段。

高校英语重点提升非英语专业学生的英语综合能力，在中华人民共和国成立初期被称作普通英语，到了后期才更名为公共英语。到了1986年，公共英语研究协会改名为大学英语研讨协会，由此改名为大学英语。

二、英语教育复兴时期（1958—1966 年）

英语"复兴"时期是英语教学快速发展的时期，因为我国社会主义发展与当时的国际经济形势，教育备受重视，尤其是英语教学。1958年，传统英语教学受到了来自教学改革的巨大影响，在英语授课过程中，学生对于枯燥的教学模式普遍不赞成，俄式教材的使用无法满足学生的需求，为了改善英语的教育水平和授课质量，我国开启了废弃旧教材的革命，开始研究新式教育方法。因此，重新撰写教材、调整课程结构、引进先进教学设备的活动掀起高潮。1960 年，新版英语教学在上海首次出版，并且增加了听力和口语的教学，使得英语教育备受关注。

1961 年，教育部发布了英语教育指导草案，对英语教材的编写给予了指导。此项方案的特殊之处在于，增加教材中英语国家文化和习俗的内容，选取了一些神话、寓言和原著的内容。1962 年起，英语加入高考考试科目，《全日制中学英语》首次出版和发行，在 1958—1966 年，虽然我国政治活动频繁，英语教学仍然获得关注，且展现了蓬勃发展的新面貌。专业英语的教学发展也有提升的趋势。在 1966 年之前的 9 年内，英语教育发展超过了俄语教育。

1964 年起，教育部在周总理的指导之下发布了英语教学的课程概要，指出英语作为外语教学的第一语言，英语学习的规模应不断提升。按照概要内容，学校不断增加英语课程，并且增设了英语院校。到了 1966 年，全国设立英语教育的学校已经有 70 多所，英语教师的规模也在不断增大，由原先 1000 多人增加至 4000 多人。

三、英语教育高速发展时期（1977 年至今）

1977 年起，由于高考制度调整，伴随着改革开放的步伐，英语教学开启了高速发展的新时期，次年英语被列入了升学考试科目，此时教材也发生了很大改变，质量和认可度逐渐提升，第四套英语教学书目开始出版。这套书目的变化是，增加了有关听说能力的练习，同时关注学生阅读能力的锻炼，此外相比过去更加关注学生英语实践能力，它改善了过去仅重视理论知识的误区，这也是新时期英语教学改革的重要发展。

20 世纪 80 年代起，中学内的英语教学和研讨活动增加，全国针对英语授课方式进行了讨论和改革，采用更新的教学设备，关注学生的实际情况，在学习英语的各项技能研究上有了突破和创新，开始废弃传统理念中轻技能的思路，不断开展学生的英语实践能力训练。1979 年起，英语教育研讨会正式成立，紧接着英语教育研讨会在北京启动，英语研究进入新阶段和高潮时期。

由于英语教学理念的完善和改进，各地区开始编写英语相关的阅读期刊，例如《中学生英语》《中学英语园地》《英语画刊》等。另具代表的则是《上海学生英文报》，此类期刊对于学生群体的英语思维和实践练习起到了帮助作用，让学生在课余时间开阔视野，重视英语的实践学习。

高考制度改革之后，高校的英语教学有了创新和重大变革，英语教学开启了全新的阶段，英语学习走向了新的高潮。大学内针对英语相关专业的设定和课程的设置更加系统化，大量的教学书目出版，各项英语研究活动大力发展，取得了多项成果，同时，英语教育规模不断增大，教育水平不断突破和发展。在这一阶段最具影响力的书目是《功能交际英语》（此书目共4册）、《功能英语教程》（此书目共3册）以及综合型英语教材《英语》（此书目共4册）。为了帮助学生群体掌握除汉语外的新语言，许多高校开始启用国外的优秀英语书目，这些书目普遍教材齐全、内容丰富，对于学生群体的英语综合能力的提升起到了巨大帮助。丰富的英语教材让学生在英语的教学过程中不再感到枯燥和乏味，产生了对英语学习的兴趣。

然而，新时期的英语教师队伍产生了问题，主要体现在以下几个方面：第一，教师数量严重不足；第二，知识内容创新度低；第三，教学课程的衔接不畅。教育部门高度重视以上问题，实施了几项重点工作帮助改善师资队伍。在一段时间后，许多大学的教师开始增加，伴随着英语学习热情的逐渐增加，大学纷纷设立了英语相关的研究活动，使得英语教学不断完善。

1979年之后，各式各样的学术团队纷纷出现，例如英语翻译者协会、英语教育研讨会等，这些团体在英语教育、发展和研究方面贡献了巨大力量，也带来了新的活力和良好的学习氛围。同时高校还设立了英语文学刊物的阅读服务，帮助推动英语相关书目在国内的普及和利用，在这一过程中被广泛使用的书目众多，例如《外国语》《英语教学与研究》《现代英语》等。至此，英语公共教育取得了巨大改善和发展，教育部门为了满足教师和学生的需求，出版和引进了许多英语教育书目，例如理工科专用的《英语》、工科普遍使用的《新英语教材》等。

　　新时期出版的英语书目和过去的英语教材相比，发生了巨大变化，其突出表现在三个方面：第一，新版教材把大纲作为编写依据；第二，新版教材在传统教育方式之上增加巩固学生英语阅读能力的专栏，并增加配套的教材；第三，新版教材的内容选择更加谨慎，同时内容和体裁不断优化，更加吸引学生。教材增加了英语国家文化和传统的内容，帮助学生在了解传统文化的基础上理解英语语言的魅力，新版教材展现了英语国家的科技、人文等多方面的内容，鼓励和激发学生对于英语语言的研究和探索。此外，新版教材在语言上将更加规范，寓意深刻趣味度增加。目前，这些英语教材已经被国内众多高校选用，并取得了很好的成果。

　　为了检验学生的英语能力，教育部门开设了大学英语四级和大学英语六级考试，制定大纲。考试题目包含了阅读理解题、语法题、听力题、完形填空题以及写作题五个种类。最近几年，考试题型发生了很多变化，重点强调了英语听力、写作和翻译能力，采取机器阅卷模式，由计算机统一处理考试结果。自1986年起我国设立了大学英语四级考试，自1989年起设立大学英语六级考试，目前，这两项考试已经被中国众多高校和学生认可，也受到了国外的关注。现在，这两项考试变为全国针对英语的最大规模考试，每年有大批学生参加考试。大学英语四级和大学英语六级考试的设立，对于英语教育的深化起到了积极作用，使得英语教育受到了前所未有的重视，高校花费在英语教育上的精力增加，提升了教育水平，引进了大批优秀教师，高校英语教学不断改革。许多高校甚至制定校规，要求学生在获得大学英语四级考试证书后方可取得学位证书，由此更加激励了学生对于英语学习的热情。高校英语的教学体系也为我国英语教育和学生英语能力的提高起到了重大的作用。

　　然而，大学英语四级和大学英语六级考试有着不足，例如考试题目上注重词语和语法的考核，没有关注学生的实践和英语能力的考核。学生为了通过测试，开始大量记单词，重视词语搭配，却不关注英语的实践能力。这使得学生英语作文的分数明显不高，口语能力较弱。由此，教育部门认识到这一不足，自 2013 年 12 月起，全国大学英语四级和大学英语六级考试对大学英语四级和大学英语六级考试的试卷结构和测试题型做了局部调整。在调整中不断增加有关应用能力的题型，同时在部分区域开设口语考试。在各界人士的帮助之下，英语在高校中的教育课程会更加有效和不断完善。

到目前为止，国内不论在基础教育还是高校教育方面，都对英语教学活动进行了多项改革，我国在教育方式上的研究和探索仍然有着巨大的空间，我国英语教育要借鉴历史经验，不断在教育的理念和课程结构上进行深度研究和思考。此外，我国的教育、心理、哲学等多个学科的研究已经获得巨大进步，在关注中国国情的基础上进行英语教育的深度探究、推动理论和实践的结合、改革英语教育，从而形成一套有效的英语教学实践和理论系统。

第二节　英语教育教学的基本理论

一、行为主义理论

20 世纪 20 年代，行为主义理论诞生，华生（J.B.Watson）是这个理论的提出者。他分析探究人和动物的心理，认为可以用客观研究的手段迅速检验出人和动物的行为。通过研究，他指出，人和动物面对刺激有一样的反应，所以他强调外部刺激对反应的产生是最重要的，而内部刺激是可有可无的。所以，他根据人和动物的行为都是受外部环境刺激的结论，创造了一个行为主义理论模式，即刺激(S)—反应(R)。

早年行为主义理论的 S—R 模式对结构主义语言学的发展起到了很大的作用，尽管它没有对语言和行为进行系统的方法试验。《语言论》的作者是布龙菲尔德是著名的结构主义大师，他根据行为主义的 S—R 模式进行语言研究。布龙菲尔德在著作《语言论》中以杰克和吉尔摘苹果的小故事为例，验证了 S—R 语言行为公式。当吉尔有饥饿感时，这就是一种刺激，用 S 表示，然后跟杰克说"他饿了"这个感受，就可以当作是一种反应，用 R 表示。杰克听到这句话后产生刺激，便去树上摘苹果，他的做法就是受到吉尔所说的话刺激产生的反应。布龙菲尔德将刨除吉尔和杰克的想法，而注重 S—R 的行为主义分析，他认为 S—R 具有物理特性，由此得出语言教学理论，即在语言教学过程中，教师利用声音向学生传递刺激，同时学生接收声音的刺激而给出反应。

美国学者斯金纳对华生的行为主义理论有了进一步的继承和发展，提出了有关言语行为系统的说法，这些观点见于他的著作《言语行为》（*Verbal Behavior*）。斯金纳主张人所说的话甚至话语的每一个成分都是受某种刺激而出现的。不单是言语上的刺激，而且有可能受到其他的内外部的刺激。譬如，当一个人想喝水，他就会说出来。他觉得人的言语行为是可操控的，可以利用很多的手段策略来加强。在某种语言背景下，其他人的嗓音、神态以及手势等都可以变成加强获得的途径。例如教师能够用夸赞、支持、认可等方式重复训练学生的言语行为。如果学生的言语行为不停得到重复训练，就会使他们形成言语习惯，逐渐学会使用与自己的社群相契合的语言去表达。相反，如果学生的言语行为得不到强化，语言习惯便无法养成。在学习过程中，只有让反应不间断地重复产生，学习这一过程才会发生。可见，重复对学习是何等重要。

所以，根据行为主义理论的说法，不管是言语还是非言语的学习，都必须在学习中形成习惯。学生从讲话者口中接收信息，进行语言的输入，然后再利用准确模仿和重复得以强化，在这个过程中就形成了语言习惯。这种学习方式的关键就是语言学习的外在环境条件或者其他外在条件。

综上，行为主义理论的有些观点明显具有不合理之处，自斯金纳的《言语行为》问世以来，学术圈对他的批判就没有停止。乔姆斯基在他的作品《评斯金纳著〈言语行为〉》中指出，把行为主义理论从研究动物行为中得到的结论原封不动地套在人类行为上的观点是肤浅片面的，认为环境等外部条件对有机体行为的发生具有决定性的作用，完全忽略了人在言语行为中的主动性。一个几岁的小孩能够掌握一门结构复杂的外语，行为主义理论无法为这种现象给出理由。因此，在这个基础上乔姆斯基提出了心灵主义理论。

二、心灵主义理论

心灵主义理论的提出者乔姆斯基提出这个理论就是想说明儿童对母语的学习问题。任何一个智力发育正常的儿童都可以在几年之内习得母语，这是行为主义理论无法解释的。儿童学习母语时接收的语言信息并不多，主要是成年人用来和孩子进行交流的结构简单的母语（motherese）。普遍来看，儿童单纯依靠他们获取的有限的话语来进行加工、整理、输出，这样习得母语是不可能的。为了将这种现象研究透彻，乔姆斯基又提出了普遍假设法。

他提出的假设，即人类的大脑具有先天性质的普遍语法。这种假设到现在还没有利用解剖手段证明其是否真的合适，根据乔姆斯基的假设，语言的接收和外在条件的影响有可能会"打开"人的语言习得机制。当语言进入大脑，就会形成语言知识，主要有词汇、语法、参数等。

心灵主义理论认为人脑这一内在条件是最重要的，而语言输入和外部环境条件则是次要的。很多学者对这一理论有着各自不同的看法。学者们对普遍语法在第二语言习得过程中是否起能够起到作用有着三种观点：一是直接起作用，二是间接起作用，三是不起作用。所以，不管是在母语还是第二语言的习得上，乔姆斯基的假设都存在不合理的地方。然而，郭杰克认为乔姆斯基的理论还是有一定的价值的，作为一种新颖的角度，普遍语法理论有利于帮助学生深入分析探究语言习得的方法和途径。

三、克拉申的输入假设与斯温纳的输出假设

（一）克拉申的输入假设

美国南加州大学语言学系教授克拉申博士（D.Krashen）提出了"监察模式（Krashen）"，其目的是用来证明第二语言的习得理论。

　　监察模式主要分为五个假设，即习得和学得假设、自然顺序假设、输入假设、监察假设和情感过滤假设。

　　（1）参考习得和学得假设，第二语言或者英语的掌握有两种方法，一是习得，二是学得。语言的习得是一种自然而然的过程，不易察觉，类似儿童对母语的学习。学生平时进行日常交际越多，对语言的理解和应用就会日益深化，从而会逐渐提高语言应用能力。学得指的是有意识有目的的语言的学习过程。学得可以将语法规则和语言知识掌握得更清楚，并且能够将这种规则知识等表述出来。正规地学习可以使学得发生，但是学得却无法反作用于习得。

　　（2）自然顺序假设用来说明语言的习得要按照一定的顺序。比如，一种语言的习得，依照自然顺序假设，语法规则和语言结构可以根据一定的顺序来习得，相似的情形在第二语言的学习中也会发生。

　　（3）输入假设是克拉申博士用来解释语言如何习得的方式。他认为当人们接收到足够多数量并且能够理解（comprehensible）其中含义的语言输入时，在这个过程中人们就能够习得语言。他还指出，当人们的语言能力是 i，而他们接收到 i+1 的语言输入时，他们的语言能力就会从 i 向 i+1 提升。根据这一假设，直接学习并不能使人们流利表达第二语言，而需要凭借大量的听读训练，接收大量的语言输入才能获得。可见，在"说"方面的训练对语言的习得没有好处。

　　（4）克拉申的监察假设对学得大有帮助。他认为，有目的地学习语言内容或形式规则的学得具有监察功效，并且可以发生在说话的前或者后。比如，说话之后，发现自己说的话有问题，那么就会发挥学得的监察作用及时改正。然而，学得监察作用需要具备三点才能更好地发挥作用：第一，要具备充分的时间；第二，要集中精力把握语言形式表达的准确性；第三，要掌握规则。可见，人们在平时说话中很难发挥学得的监察作用，因为人们根本没有足够的时间思考如何运用语法规则。

　　（5）克拉申提出的第五个假设是情感过滤假设，主要用以说明情感对英语学习的作用。情感对英语学习的影响主要有信心（self-confidence）、动机（motivation）以及忧患程度（anxiety）。他将情感看作是调节人语言学习的滤水机，认为语言能够自由输入或通过，是通过过滤才实现的。所以，在学习英语的过程中，强烈的自信心和学习动机以及低弱的忧患程度都有助于学习。

以上五个假设便是克拉申英语教学理论的重要组成部分，对英语教学具有积极的启示引导功用。

根据克拉申的英语教学理论，英语教学要为学生营造有利的语言环境，同时提供学生可理解的语言输入。所以，教师就要利用各种道具，比如电影、图片或者各种实物等来辅助英语教学，尽可能为学生提供容易理解的语言输入，还可以根据学生的水平高低，使用不同的词汇和语言进行因材施教。另外，教师要为教学营造一个轻松愉悦的课堂氛围，在这种状态下学生的大脑更能有效地吸收更多的语言输入。所以，在学生回答不上问题或者能力有限的情况下，不能强迫他们回答，尽量不要给学生太大压力。在开始学习时，利用"全身反应法"进行教学，既可以平复学生的紧张心理，又可以减弱他们的忧虑程度。同时，在英语教学中，语言输入应该具有趣味性，学生不能单纯进行句法的机械练习，而要在教学过程组织有意义的互动活动，帮助调动学生的学习积极性，从而可以使学习效率得到提高。由于语言的习得主要依靠可理解的语言输入，那么在课程教学中教师要将重点放在听和读这两点上，这两点的能力提升上去，说就会自然发生。

关于克拉申的输入假设提法，教学领域和应用语言学领域的专家学者有着各自不同的声音。美国许多教师在第二语言教学上认同了克拉申的观点，同时，有的语言学者也对他的监察模式提出了质疑。

对克拉申的输入假设提出质疑的学者中有美国以及其他国家的一些学者，如麦劳林（B.McLaughlin）、格雷格（K.Gregg）等，其中我国学者有荆增林等。下面就是这些学者的一些观点：

（1）习得和学得两者都没有明确的定义，因此，在某种情况下，很难判是习得还是学得在起作用。到底学得是否能转化为习得，这还是一个没有解决的问题。

（2）说学得只有监察作用是不全面的，它还可以有理解作用。如果学得只有监察作用，人们学习第二语言（英语）只靠习得，那么在第二语言学习（英语学习）中，规则学习是否不需要。

（3）自然顺序假设只是在某些学者对词素研究的基础上总结出来的，根据词素的研究情况进而做出关于整个语法规则习得顺序的假设，是否犯了过度概括的错误。

（4）由于"可理解的语言输入"没有确切的定义，因此输入假设是难以检验的。此外，"说"作为语言输出是否可以看成是学生在学习第二语言（英语）过程中对语言提出的假设进行验证的一种做法，如果是这样，"说"对语言习得有无作用。

当然这些只是学者们对克拉申的英语学习理论提出的问题的一部分。不管怎样，克拉申提出的第二语言习得理论会促进人们对英语教学进行深入的探讨，促使人们建立更完善的新理论。

（二）斯温纳的输出假设

对于克拉申提出的输入假设，斯温纳（M.Swain）等学者提出了他们不同的看法，即提出输出假设（output hypothesis）。

1. 斯温纳的输出假设的内容

克拉申认为可理解的输入在第二语言习得中起着中心作用（centra role），而斯温纳则认为输出在第二语言习得中有着显著的作用（a more prominent role）。斯温纳提出她的假设的依据是她进行的"浸泡式"（immersion）教学实验。浸泡式教学主要原则是将第二语言当成其他学科的工具（medium），而语言获得则是理解这些学科信息及内容的"伴随产品"（by product）。斯温纳在加拿大进行的浸泡实验表明尽管她的学生通过几年浸泡，获得的语言输入不是有限的，但他们并没有获得如本族语者那样的语言产生的（productive）能力。她认为，造成这样的原因不是学生获得的语言输入有限，而是他们的语言输出活动不足。斯温纳认为她的学生没有足够的机会在课堂环境中使用语言。此外，他们没有在语言输出活动中受到

"推动"（being pushed）。斯温纳认为语言输出活动不是如克拉申所说的那样只是体现了习得的语言，而是有着多方面的作用。

斯温纳认为语言输出有三个功能：①促进学生对语言形式注意的功能；②学生进行检验自己提出假设的功能；③提供学生有意识反思的功能。

语言输出活动的多少直接影响学生使用语言的机会，这样可以很大程度上提高学生口语的流利度，因而争议不会很大。

上面提到的语言输出的三个功能就是斯温纳所要论证的内容。她指出，学生只要进行语言输出活动，遭遇语言上的问题就会无可避免，然而这些问题会促使他们发现其中不清楚或者只了解其中某些方面的语言形式。这个时候，学生也就清楚他们想要表达的内容与能用语言表述这一意思之间的距离。这样对语言形式的关注会激发学生的认知活动，对他们学习新知识以及对旧知识的掌握有帮助，并且有利于学生习得某种语言形式。

有的学者认为，学生在书面语和口语中出现的一些错误，反映出他们对语言使用方法的尝试，能检验他们定下的假设是否合理。为了进行假设验证，学生需要做到利用口头语或者书面语的形式运用语言。所以，语言输出活动是学生进行对话交流而使用新语言的过程，从语言输出的效果判断他们认为的形式结构准确与否。因此可以说，学生的假设如何进行验证多亏依靠了语言输出活动，倘若没有语言输出活动，那么学生也就没有办法来检验他们提出的假设的合理性。

斯温纳还认为，语言输出活动可以帮助学生进行反思，假如语言输出活动能够检验假设是否合理，那么就会有很多人觉得语言输出原本就是一个假设。可见，语言输出活动是学生利用语言进行意思传达的一种猜想。这种情况下，人们不知道教学者是怎样设定的假设，但是能够从他们所表述的语言上推断出来。这时，学生不但从中验证了自己提出的假设，而且还进行了反思。

利用语言对其自身进行反思，有助于学生更完善且流利地组织语言并输出。斯温纳也用实验验证了这种方法。

2. 斯温纳的输出假设对英语教学的启示

英语教学可以汲取斯温纳输出假设上宝贵经验。语言输出活动可以帮助学生提升语言流利水平并且及时发现自身应用语言容易出现的错误，通过利用语言对自己的假设进行反思，进而验证自己的假设。可见，英语的习得或者学习第二语言都需要认真看待语言输出的作用。英语教学过程中要强调对语言输出活动的重视，这样能帮助学生熟练掌握语言。所以，不论是在英语教学过程中，还是在英语教材的编写上，都需要设计多种多样的语言输出活动，进而帮助学生更好地掌握这门语言。

编写者在编写英语教材时，要格外重视语言输出活动的地位。许多教师在语言教学中都发觉了语言输出活动的重要价值，所以相应地设计出了像讨论、辩论等一系列的口头或者书面的语言教学活动。

综上，克拉申的输入假设和斯温纳的输出假设都存在各自的合理之处，都有值得借鉴的地方，所以在英语教学中都要关注。

四、错误分析及中介语

其实，人们渐渐得知对比分析的方法已经无法预判学生的所有错误，所以，对这些错误进行系统性分析探究就显得尤为重要，可以通过分析研究确认学生发生错误的缘由以及学习过程遇到的难题，这样有利于教材的编写和课堂教学工作的顺利开展。20 世纪 50 年代后期以来，语言方面的专家对学生的错误问题进行了深入研究，即错误分析。

科德和理查兹是在第二语言学生的错误分析研究范围内影响比较大的语言学家。在 20 世纪 70 年代，他们对拥有不同母语且都在学习英语的学生的错误进行了深入细致的探究。他们认为尽管母语会在不同程度上对第二语言的学习产生干扰，但是许多错误的出现是由于学生对目的语的理解能力以及消化吸收能力不足导致的。他们提出，学习英语就是目的语（target language）的规则不断内化的过程，而学生会在这个学习过程中度过各种不同的时期。比如，在交际中，学生会将过渡性的语言作为对话的方法，过渡语是介于母语和目的语中间的一种语言，为中介语（inter language）。中介语具有动态变化以及体系化的特征，并且会随着学生收到第二语言的输入日渐增多，会慢慢改变学生对第二语言的假设。显而易见，学生如果时常利用中介语来进行交际，那么出错误也就在所难免。科德认为这种错误有三种类型（Corder）：

第一种类型是系统形成前的语言错误（pre-systematic errors）。出现这种错误就在于学生存在某些交际的意识和目的，但始终难以用恰当的语言表达出来，为此他们只能盲目从已知的语言库中进行搜集罗列。可见这类错误的特点是随意性的、无意识的，学生也无法解释选择这种形式的缘由。

第二种类型是系统形成中的语言错误（systematic errors）。之所以会出现这种错误，就是因为学生在内化过程中，已经明白了基本的、系统性的规则，但是对它们的理解能力有限。比如，学生在英语学习中掌握了过去的动作要使用过去时的规则，在动词后边加"ed"即可，然而他们不清楚还存在一部分的不规则动词，所以在对话交际过程中，他们偶尔会说出"goed"等错误的规则形式。

第三种类型是系统形成后的语言错误（post-systematic errors）。学生之所以出现这种错误，是因为他们已经掌握了比较全面的语言规则，但却没有形成习惯。

理查兹将学生出现错误的原因归结为三点：一是母语的干扰，二是对语法规则的不理解(过度概括规则、忽略规则限制、应用规则不完全等)，三是教材或者教学不当。

在很多语言学专家看来，学生发生的不同错误的类型都需要教师了解清楚，以便采取恰当合理的教学方法帮助学生纠错。关于第一种类型的错误，教师应宽容以对，不必做过多解释，只需点到为止，并给出正确的说法；关于第二种类型的错误，教师要科学引导，不但要给出正确说法还要给出合理的说明，以便学生理解规则；关于第三种类型的错误，教师要提供给学生更多练习机会，时刻提醒学生多加注意，以便使他们能够在交际运用的过程中将语言表达得更准确流利。

五、第二语言学习模式

除了上述的学习理论外，应用语言专家、第二语言习得研究专家、心理语言专家还根据各自的研究创立了一些第二语言（英语）学习模式。

（一）技能学习模式（Skill-Learning Model）

利特尔伍德发现几个第二语言（英语）学习模式，其中一个是技能学习模式（Little wood）。该模式认为英语使用是一种做事技能（performance skill），同其他做事技能一样，语言做事技能既有其认知的方面，也有其行为的方面。认知方面是指得体行为计划的内在化（internalisation）。就语言使用而言，计划主要指语言系统，包括语法规则、选择词汇的程序和支配语言的社会惯例。行为方面是指计划的自动化（automation）。计划的自动化能产生流利的话语。要达到自动化的目的就要通过练习把计划转变成行为，通过产生语言的活动能实现计划的自动化。

学习一种技能可以把这个技能的各组成部分分开练习。若把英语作为一种技能来学习，可以练习某一语法结构如定语从句、时态等；也可以练习使用某一种交际功能，如请求、建议等；还可以练习元、辅音，如区分"sheep"和"ship"，"food"和"foot"的元音等。这些练习可称作"技能组成部分的练习"（part-skill practice）。有时某一技能也可进行练习，这需要把技能组成部分组合在一起，整体练习，如辩论某一问题或写信给朋友时就是进行整体技能的练习。

语言的使用具有层次结构，最高层次是交际目的。要达到目的，就要采用某种策略，使用某些语言结构，选用某些词汇，最后操控发音器官使用声音来表达意义。因此，使用语言需要完成一系列的任务，而这些任务又由低一级的任务组成，低一级的任务还可由更低一级的任务组成。为使用语言，需要为完成任务做出相应的计划。以"劝说"某一朋友在某一时间去看电影为例，为达到"劝说"这一目的，就要采用某种策略，策略由不同成分组成，如告诉朋友电影已上映，电影内容，值得看该电影的理由，时间选择的合适性等。策略中的某些做法可能是预先构思好的，有些则是边说边想的。为要执行策略的各个部分，就要决定话题，选好句法结构，挑选好用词等。

按此技能学习模式进行英语教学，在课堂教学中可有语言结构性的活动、准交际性的活动、功能交际性活动和社会交际性活动等（参看交际法的教学活动和特点）。利特尔伍德认为大多数的英语教学都采用该模式，我国学者也有同感。

（二）第二语言学习互动模式

朗（Long）可算是研究人际互动促进第二语言习得的第一人，他提出了他的互动假设。朗认为语言互动中的调整，即意义协同（the negotiations meaning）能促进语言输入变得更容易理解，因此，更能促进第二语言习得或英语学习。朗是通过观察儿童与本族语者会话互动提出他的假设的。朗的逻辑为：会话互动的调整能使语言输入变得更容易理解，而可理解的输入能促进语言习得（参看克拉申的输入假设理论），所以会话中的语言调整能促进第二语言习得。这里语言调整或修饰（conversational modification or adjustment）不总是语言简化，语法、词汇等简化只是手段，它可以是扩展（elaboration），放慢语速，使用手语或提供其他语境线索手段。在会话中出现的理解核实（comprehension check）、澄清请求（clarification request）、确认核实（confirmation check）、自我重复或解释（self-repetition or paraphrase）都是会话调整手段的例子。

不少学者对朗的互动假设进行了研究，既有理论的探究，也有实证的探讨。经过学者们多年的努力，语言学习的交互研究逐渐发展成一个重要的研究方向，为探究第二语言习得做出了贡献。

对第二语言会话的互动作用也可以用维果茨基提出的人类心智活动过程的社会文化理论来解释。维果茨基认为包括语言在内的所有认知方面的发展都源于个体之间的社会互动。把该理论应用于第二语言学习，兰拖尔夫（Lantolf）和其他研究者认为，当第二语言学生与比他们水平高的第二语言者（本族语言教师）互动或合作时，他们的语言水平将会提高。

虽然上面两种对第二语言学习的观点都可称为互动模式，但朗等人的模式是从语言输入调整促进第二语言学习去论证的，而维果茨基的模式则是从学生与比他水平高的对话者的角度去解释的。

（三）第二语言（英语）阅读过程模式

阅读是人们学习第二语言（英语）的途径之一，在学习过程中起着较大的作用。多年以来，阅读过程的研究是心理语言学家和心理学家探讨的课题。他们不少人根据自己的研究提出了不同的阅读过程理论。下面介绍的是阅读过程的三种模式，即自下而上模式、自上而下模式和相互作用模式。

1. 自下而上模式（The Bottom-Up Model）

1950 年以前，人们对阅读的理解是：作者利用一定语法法则，将文字、符号等编成有意义的语码并进行分析解码的过程。解码的过程不是杂乱无章、随心所欲的，而是按照一定规则顺序进行的，首先作者识别字母和单词，因为它们是最下层的、最基础的，其次逐渐深入理解短句、分句、段落和篇章的含义。这个过程是自下而上的理解模式。这种阅读理解模式的重点是对文章骨架——句子的理解，而句子是由词、词语和语法法则构成的，因此理解句子的前提是掌握词汇，而对词的理解又是基于对字母的认知。综上所述，掌握语言方面的知识就是掌握阅读理解。

自下而上的阅读模式给学生讲授阅读理解课程时，其课程重点是帮助学生弄懂词汇的含义，进而理解短句和句子的含义，这样才能攻克学习语言的难题。但是随着人们对阅读理解过程的深入研究，人们有了不一样的看法，因为这种阅读模式只解决了语言方面的问题，却不利于阅读者理解文章，甚至不能提高学生的理解能力。这个模式没有充分发挥阅读者的主观能动性，没有把阅读者放在阅读主体的位置。

2. 自上而下模式（The Top-Down Model）

为了扭转自下而上阅读模式的劣势，20 世纪 60 年代，一种自上而下的阅读模式横空出世，这是哥德曼运用心理学知识研究出来的结果。

哥德曼最早在 1957 年提出他的心理学阅读模式（cardetal），那个时期，哥德曼首先赋予阅读模式一个关于"心理的猜测游戏"概念，大致意思是阅读者不需要了解整篇文章的内容和主旨，只需要根据自己的需要从文章中匹配感兴趣的信息并进行预测，其次利用自己已有的生活经验和掌握的客观知识验证猜测。在这种新模式的阅读过程中，阅读者占据主体地位，不再受到遣词用句的强制要求，而是从自己出发，将文章中有用的信息和自己的预测相结合，进而验证自己的预测是否正确。这种新的阅读模式叫作自上而下模式。

在这个阅读模式的影响下，阅读不再局限于语言知识，而是需要阅读者储存更丰富的客观知识。阅读过程中遇到的问题涉及的语言和阅读技巧等，都需要用客观知识去理解问题。教师的责任更加重大，要在阅读教学中鼓励学生在阅读文章后进行思考，培养其寻找线索—进行预测—加以验证的能力。一些学者有不同的看法，他们认为自上而下的模式只适合高水平的阅读者，利用背景和文章中的提示进行预测对大部分阅读者来说是困难的，而且对低层的阅读者而言，敏感和准确地对词汇和结构有识别能力绝非一日之功。

3. 相互作用模式（The Interactive Model）

有些学者提出，学习英语更需要的是掌握词汇和语法结构的能力。因此，他们认为更能全面解释阅读理解过程的理论是鲁姆哈特（D.Rumelhart）的相互作用模式。

相互作用模式是在阅读过程中利用自下而上和自上而下两种方式进行信息处理，这是比较全面、比较理想的阅读模式。相互作用模式区别于自上而下的模式，这主要表现在没有把信息处理技巧放在第一位，过度解读文章中部分具有提示意义的词汇和解码。自上而下的信息处理主要帮助阅读者正确理解并做出选择。而且，相互作用模式与自下而上的模式也不相同。自下而上的信息处理需要阅读者在阅读时发现新的信息，这种信息与自己假设的信息不同。相互作用模式认为，在阅读过程中，即使层次水平有差异，学习阶段各不相同，但是两种信息处理方式是同时进行的。阅读是将阅读者现有的知识和文章中的信息相互作用的过程，文章本身的意义并不是确定的，主要是根据读者自身已有的知识重新确定文章的方向，赋予文章含义。对文章理解的不同主要由于阅读者知识的不同。通常人们将阅读者已经掌握的知识称为背景知识，这种知识的结构为图式。因此，大脑里储存的图式越多越完善，越有利于阅读理解时的调动，这样可以保证正确理解文章背后的意义。

对于图式理论模式而言，阅读者的阅读能力是由语言图式、内容图式和形式图式三种图式决定的。其中语言图式表明了阅读者对所阅读材料的掌握程度，内容图式表明了阅读者对文章涉及主题的熟悉程度，形式图式主要指阅读者对文章体裁的知晓程度。这三种图式有自己的内在联系，语言图式是内容图式的基础的同时也是形式图式的基础。正是因为掌握了相对应的语言图式，阅读者才具备了识别文章中词汇、短语和句子的能力，可以借助文章背后的信息调取脑海深处相关的内容图式和形式图式，进而对文章有一个充分的理解。然而，如果阅读者的能力仅仅停留在读懂词汇和短语上，没有学会相对应的内容图式，或者学会了但是没有办法建立联系，都不能很好地理解文章。此外，形式图式对于阅读理解而言也是至关重要的，只有掌握了形式图式才有利于阅读者区分文章体裁和结构形式，才能理解文章和记忆文章。

英语阅读的教学更适合采用相互作用模式，这种模式具有积极意义。阅读教学主要是为了提高学生的阅读能力，为了实现这个目的，教师在教学过程中着重培养学生对上述三种图式的掌握。首先，教师引导学生掌握更多的词汇和熟悉语言结构组成，为学生的内容图式和形式图式做准备。其次，授人以鱼不如授人以渔，重要的是培养学生调动内容图式的能力，教师应该采取措施丰富学生的内容图式，例如在教学过程中扩展国外文化背景知识。教师还应该教授学生寻找文章线索的技巧，让他们轻易地把文章的内容和大脑中的背景知识相匹配，进而根据文章讯息和脑海深处的图式进行预测，提出假设并加以检验，正确理解文章的含义。最后，教师在教学过程中要尽可能结合不同体裁的文章进行教学，系统比较文章结构组成，分析文章的特色，通过这样的针对性培养，学生理解能力和创作能力才能大幅度提升。

4. 聆听信息处理模式

对于第二语言来说，聆听和阅读在信息加工的过程方面是类似的，同样也是通过自下而上和自上而下两种方式对信息进行加工处理。但是聆听与阅读还是有差异的，阅读涉及符号和文字，聆听主要与声音有关，因此，首先应该对声音进行划分，主要是音节和单词，其次要采取措施对声音信号进行深层次地信息处理。按照这个说法，聆听和阅读在自下而上的信息处理过程上是存在差异的。这要求在阅读过程信息处理明朗化的基础上，再进行聆听过程的加工处理，值得注意的一点是，两者在语言输入方式上针对信息处理的方法大有不同，简单来说是自下而上的加工方式的不同。

理查兹（Richards）将聆听过程中自下而上的模式划分为四个步骤：

（1）根据语言输入内容，查询熟悉的词汇。

（2）将语言进行划分。

（3）借助音位线索区分语句中的重点信息。

（4）使用语法线索把语言输入重新进行组织。

正是这四个步骤揭示了自下而上的聆听过程的特点。聆听者在把语流进行划分后，首先借助音位线索区分语句中的重点信息，并且使用语法线索把语言输入重新组织，进而赋予其深层次意义。根据这些自下而上的聆听过程的步骤，更加明确了聆听与阅读过程中信息处理的差异。人们在阅读时接触到的是文字符号，每一个字都是清晰明确的，因为字间有空隔间开，阅读时还可以反复阅读直至意义明确，而聆听听到的是一串串的声音符号，且在听过一次后就要把意义弄懂。因此，在聆听过程自下而上的信息处理中，人们必须懂得在连贯话语中的各种语音现象并使用其来切分声音和解决歧义问题。这就需要人们掌握连读、弱化、同化、停顿、节奏、重音和语调等语音的特点。对初学者来说，应多提供一些具有上述语音现象的材料给他们练习，培养他们使用连贯话语中语音现象在聆听理解解码的技巧。

聆听理解与阅读理解都是自下而上和自上而下对信息处理且相互作用的过程。与阅读理解一样，在聆听理解教学中人们要向学生提供必要的背景知识，培养他们"激活"有关"图式"来理解的能力，这都是人们在教学中应注意的问题。

第三节 英语教育教学的主要原则

现代教学理论认为：所谓教学，就是教师有效、合理地组织学生的学习活动。然而在英语教学里，为了有效地安排教学活动，高质量地完成教学任务，教师既要贯彻教学里所提出的一般教学原则，又要遵循英语教学的特殊原则。下面来研究英语教学的主要原则❶。

一、英语教学的一般原则

英语教学的一般原则有很多，在此仅就其中几个有代表性的原则进行论述。

（一）以学生为中心原则

教与学关系紧密。在英语教学里，一方面要发挥教师的主导作用，另一方面要调动学生学习的积极性，树立以学生为中心的思想。二者协调和配合，才能提高教学效率，保证教学质量。具体来说，教学这个词就包括教和学两个方面，缺一不可。学生是学习的主体，要努力学习，勤学苦练。而教师要为学生的学习创造条件，并随时给学生提供帮助。换句话说，就是教师的教应建立在学生的学上，教学里的一切工作都应是环绕学生的学习进行的，即在英语教学中应遵循以学生为中心的原则。要想做到这一点，教师可以从以下两个方面努力。

1. 在教学中充分了解与尊重学生

学生在整个学习过程中是作为学习的主体与核心承载者而存在的，因此，教师在教学中应充分了解与尊重学生，在此基础上改变传统的学习方

---

❶ 季建华，刘泽锋.如何建构中等职业学校信息化教学的课堂 [J].中国职业技术教育，2017（29）：90-94.

式，让学生通过体验和实践进行学习，才能调动学生学习的积极性，提高教学效果。传统的英语教学中强调学生在初级阶段要学好音标、语法与词汇，这种做法并不是没有道理，但是一些教师却把它作为英语教学的全部，这就有些不太合理，因为这种方式的教学很容易导致在英语教学中以教师为中心，使学生处于被动的状态。而实质上，教育应该是一种主动的过程，尤其是作为语言的英语教育，必须通过学习主体的积极体验、参与、实践，以及主动地尝试与创造，才能够在认知和语言能力上获得发展。而教学中这种主动的过程需要建立在了解学生各方面的基础上，比如少年儿童在学习英语中具有一定的优势，如模仿力强、记忆力好、心理负担轻、求知欲强、表现欲强、具有创造精神等。另外，教师在教学中还需要了解学生在英语学习中存在的弱势，如注意力不易集中、理解能力相对较弱、对单调的重复和机械的训练不甚喜欢等。如果英语教学只要求学生学习和理解语言的知识，背语音和语法的规则，那么他们学习语言的优势就会被忽视，久而久之，就会导致英语成绩下降，严重的可能会导致一些学生放弃英语学习。因此，教师必须在充分了解学生的基础上开展教学，遵循语言学习规律，尊重学生的整体和个体特点，从改变学生的学习方式入手，通过听做、读写、说唱、玩演和视听等多种活动方式，逐步培养学生的兴趣，尤其是在学习的初级阶段，这一点显得更加重要。

教师要做到这一点，可以在教学中通过各种方式来加强师生之间的沟通。具体来说，教师应平等地对待每一个学生，对学生充满爱心，真心地与学生交朋友，用自己对工作、对学生的热爱去影响学生。而且教师在个性上最好要活泼，富有幽默感，从而更有利于赢得学生的尊重与喜欢，促进沟通的顺利进行。通过良好的沟通，教师能够逐渐了解学生在英语学习中的各个方面。

2. 在教学中积极调动学生的兴趣

兴趣在英语学习中是最好的教师，是推动学生不断前进的最强、最有力的动力。它在学生认识事物、获取知识、探求真理的过程中，能够使学生体验到学习的乐趣，从而能够使他们在学习活动中变得积极主动，获得更好的学习效果。对于学生来说，英语学习的兴趣在很大程度上决定着英语学习的成功与否。学生，尤其是少年儿童，具有天然的对于英语学习的兴趣，这是因为他们对新鲜事物和对异国语言与文化的好奇所致，但是，在实际的英语教学中，学生的学习兴趣并未得到很好的维持，教师也未能对学生学习英语的兴趣给予进一步的激发与培养，究其原因，在于考试体系的不科学、教学方法的不适当等。学生对英语学习的兴趣来自学习英语的目的、学习活动本身以及由此带来的自信心和成就感。那么英语教师想要激发和培养学生学习英语的兴趣，可在教学中从以下几个方面努力。

（1）发现学生兴趣所在。教师在英语教学过程中应该充分调动学生的积极性，激发学生学习英语的兴趣。教师可以通过观察记录学生感兴趣的问题和事情，用它们充当课堂教学活动的素材。例如英语教学初级阶段讲授英语字母时，可以教给学生一套完整的英语字母体操，他们会更加容易接受。

（2）对学生的进步提出表扬。教师应该用发展的眼光看待学生，要有一双善于发现的眼睛发现学生的进步，毫不吝啬自己的表扬。只有经常这样做，学生才能保持对事情的兴趣，此外，还有利于培养学生的自信和幸福感。对于学生来说，兴趣是最好的教师，学习兴趣浓厚，学习效果才会好。在英语教学过程中，教师可以采取布置小任务、奖品鼓励和颁发荣誉等方式激励学生。这样的方式不只是物质方面的，更是精神层面的，可以激发学生的浓厚兴趣，帮助他们克服胆怯，让学生在表扬声中带着喜悦逐步走向辉煌。

（3）挖掘教材，激发学生的学习兴趣。学生的学习离不开教材，在英语教学过程中教材的重要性无法用语言表达。教师可以通过在备课时期认真研究教材，找到教材中吸引学生兴趣的关键点，在课堂上尽可能地调动学生的积极性，让他们融入课堂，只有每节课都是新鲜愉快的，学生的兴趣才会浓厚，掌握程度才会提高。

（4）改变传统的英语教学和评价方式。过去的英语教学过度重视背诵和记忆，学生主要是死记硬背，生搬硬套。英语虽然在某种程度上需要通过记忆的方式进行掌握，但是英语学习不适合完全依赖这种方式学习。尤其是小学生学习英语时，过度机械性学习很容易造成学生对英语学习提不起兴趣的局面。因此，英语教学过程中应该创设一个愉快的教学氛围，既有知识内容，又有技能实践，还有学习策略可供学生选择学习。应该着重开发学生学习英语的思维，加强他们在英语实际使用过程中的能力，可以独立进行听、说、读、写，将英语从一门语言课程转化成一种语言工具。这样的教学方式不但利于学生实际能力的提高，还有利于培养他们的综合素质能力。学生首先有良好的学习兴趣，其次才能有良好的学习效果。

此外，应试教育下的英语学习评价方式是十分武断的，很大程度上影响了学生学习英语的积极性。因此，为了避免传统的英语教学方式的消极影响，新的评价方式应该登上舞台。首先，应该以形成性评价为主，把重点放在学生的学习态度、学习的参与程度、学习的努力程度和交流协作能力上，不只是用最后的成绩单说明学习效果，这样的评价方式学生并不陌生而且确有奇效。与此同时，学生学习好坏不能只由笔试成绩评估，应该把口试与笔试相结合。因为英语终究是一门语言课程，这两种方式对知识的考查侧重点不同，笔试侧重于评价学生听、读和写能力的掌握程度；口试则主要观察学生运用英语的能力，因此只有两者相结合，才可以对学生的英语学习有全方位的了解。

（二）交际性原则

人们通过语言来交际，而人们学习英语的首要目标就是把英语作为一种语言工具进行交际，那么英语教学的首要目标也要以培养学生的交际能力为主。具体来说，就是学生要能够运用所学的语言知识在不同场合、对不同对象进行有效得体的交际。因此，在英语教学中应遵循的一个很重要的原则就是以交际性为目标，提高学生的英语水平，使其能用所学的英语与人交流。而要做到这一原则，教师在英语教学中应努力做到以下几点。

第一，清楚理解英语教学的性质，如果想将交际目标所提出的要求落到实处，就必须在执行之前清楚什么是英语教学的性质。英语教学其实是一门课程，主要针对技能的培养。在教学中利用"教""学""用"这三者组成统一的有机体，三者相辅相成，而这其中"用"是这三者中的核心部分。与学习运动项目一样，英语的交际能力也是在实践的过程中培养的，不可纸上谈兵。在教学中适当加强实用英语的频率，才会达到预期的目标。

第二，将英语作为交际工具使用。英语教学的最终目的就是为了培养人们使用英语沟通的能力。而这种沟通交际能力正是通过实践锻炼出的。依照英语教学的原则，不仅要教师将英语当作教学工具，同时也要求学生将英语当作学习的工具，在课堂内外都要灵活运用。

在进行教学的过程当中要充分发挥英语交际的作用，将英语交际与课堂相融合。而且在课堂中，师生不单单是进行知识上的教学，而是通过课堂上的沟通练习和实践活动，以此机会培养英语交际的能力。在教学的过程中教师也应该充分利用教学的周边道具给学生创造合适的学习情境，帮助学生更好地进行实践练习，使学生对于练习英语充满兴趣。这种实践方法不仅要在学习起步时应用，最好要贯穿学习的整个过程。

教师教学开始的第一步就给学生看汽车的模型或是图片，并将它称为 a car，使学生的视觉听觉同时使用，在多次观看之后，学生会将二者在记忆中进行关联。第二步就是让学生进行重复练习，重复说 a car，直到在能够见到轿车的时候条件反射地说出。所有学生的技能都是通过这种方式培养的。但是只要在学习英语最开始时就采取这样的方法，在整个学习的过程中其实并不会感受到太大的压力。到了高年级可以学习复杂文章时，教师还会通过连环画的手段，通过反复练习使学生可以用英文讲出文章的大概内容，在课下也可以使用英文将故事讲给其他人听。

第三，选择与学生的生活息息相关的事情作为教学素材。因为语言会在生活的任何角落使用，因此英语要结合实际生活进行教学。在进行英语教学的过程中教师应该将语言与学生感兴趣的方面充分结合，为学生提供充分的信息素材，由于材料的现实生活性质，学生会对此有一定的共鸣，从而激发学生学习的积极性，也要让学生了解学习英语并不是为了面对考试，而是为了沟通。因为学习到的东西要应用于生活，所以学到的知识必须要具有真实性。教材中和教师教学中所用到的语言是以英语作为母语的人在沟通中所使用的语言，它们并不是为了方便教学而编造的。但在我国目前的教育中，真实的材料并不常见，因此相关人员还需要继续努力。

第四，在教学过程中建立沟通交际的环境。在传统教学中，教师更注重英语语法的教学，也就是强调书本上的知识，只学习书本上的知识并不能够锻炼、提升学生的交际能力。要想提高学生的英语交际能力就要在合适的时间、合适的地点使用正确的方法与特定的人沟通。在教学中创造合适的英语环境，以多种形式展开丰富多彩的活动，借此提高学生的英语交际能力。语言要在环境当中进行使用。这个环境会受到很多因素的影响，比如时间、地点、人物等。在这个特定的环境中，任何原因都有可能成为制约说话语气的因素。而且在不同的场景中同一句话也会有不同的含义。比如 Can you tell me the time ？ 这句话不仅可以表达询问别人时间，还可以看作对他人迟到表示不满。因此，在教学过程当中一定要将教学的内容放在特定的环境中去理解，这样不仅可以让学生身临其境，还可以激发学生学习英语的积极性。由上述可以总结得出，在特定情景中结合教学内容开展的英语教学活动会对学生的学习以及教师的教学产生积极影响，会收获意想不到的成果。还可以任务模式开展活动，让学生在完成任务的同时学到新的知识，但需要注意的一点是，任务模式中要具有交际活动，这样才会有利于培养学生的交际能力。

（三）灵活性原则

在教学过程中灵活的教学方式可以保证青少年学生在教学中的积极性，并对此有所提高。因为这个阶段的青少年不论是心理还是生理都处于发展中时期，这个阶段的青少年大多数都活泼好动，乐于接触新鲜事物，对枯燥乏味的内容没有耐心。而英语语言是生活中重要的构成部分，是一个开放的、持续发展的、活力满满的系统。因此，只有根据语言自身的特点以及学生的不同在教学过程中使用灵活的教学方式，利用多种不同的方法对语言的教学内容以及方法加以应用，才能使教学更有趣，才能提高学生学习的积极性。灵活性原则的应用主要有以下两个方面。

一方面，教学方法要灵活。在教学当中，教师需要采用灵活教学的原因有三点：第一，在教学的历史当中出现过非常多种类的教学方法和教学流派，比如语法翻译教学、交际教学、视听教学。这些方法都有各自不同的特点，同时也有不足之处。教师在教学时应该取其精华弃其糟粕，收集各种方法的长处，不要只局限于单一的教学方式。第二，教学的内容是多样化的。以英语的内容为基准可以将英语教学分成两类：第一类是语言知识，其中包括单词、语音、语法等，根据种类的不同它们自身的特点也不同。第二类是语言技能，主要包括听、说、读、写这四类内容。第三，从受教育者自身的立场来讲，每个人质检都会存在不同。所以在教学时要结合教师与学生的特点，调整教学的内容，开展多样性的活动，灵活运用周围的条件，以确保课堂的有趣性和新鲜度，使学生保持高昂的积极性，学生的兴趣得到培养也有利于学生掌握学习的规律。

另一方面，英语教学中所使用的语言也应该是灵活的。英语教学不单单在课堂中进行记录，还要求学生能参与教学，用英语完成自己想做的事。而对于教师而言，以身作则不仅是教育学生非常重要的途径，还可以营造良好的学习氛围。比如教师可以适当地用英语教学、讲解以及布置作业等多种形式，使学生充分接触英语，置身在使用英语的环境氛围中。通过用英语布置作业还可以让学生在课堂之外也能灵活运用英语。在布置作业时也要注意实践的侧重点，比如让学生录制口语表达，让学生利用英语做一些表演、演讲等。

（四）输入优先原则

在英语教学过程中，既要有输入又要有输出。从心理学的研究可以得出结论，想要输出就先要有输入。这里的输入指的是学生在接触英语语言时通过听、读，而输出是通过说、写英语语言进行沟通表达。在学习英语的过程里，理解吸收的知识永远比会表达的知识要多一些，也就是说语言输入越多，表达的能力也就越好。埃利斯（R.Ellis）是一位著名的研究学者，《理解第二语言习得》是他的著作，这本书从多种角度阐述了在外语学习里对语言输入的不同观点：

第一，行为主义理论主要强调的是外部的条件。它将语言看作一种人类的行为，并且认为这种行为和其他行为一样可以通过后天习惯培养而得到。而习惯需要接受外部的刺激才会形成，所以在行为主义的学习模式中必不可少的部分就是语言输入。

第二，在进行语言学习时，先天论是行为主义的对立面，它认为语言是一种天赋，而行为主义却认为语言学习能力受到外部因素影响。虽然先天论也是以人自身作为研究所得出的理论，但这不是忽略语言输入的理由，没有语言输入就不能激活语言的学习机制，也就无法完成语言的学习。所以从先天论的观点出发，语言学习中输入也是必不可少的。

第三，相互作用的观点则认为，语言学习是学生自身的心理能力与外部的语言环境相互产生作用最终得到的结果。语言的学习和加工是以语言正常输入为基础的。

所以从以上观点可以得出，语言输入是学习过程中重要的部分。语言学习的成功与否离不开语言输入的质量与数量。所以作为一名英语教师就应该在教学时以输入为先，向学生提供大量适合学习的语言输入。在进行语言输入时还需要保证输入的语言一定要真实有效的。一次有效的语言输入体现的特点包括：第一，语言输入的材料要能够被学生理解。如果学生不能理解输入的材料，那么这次语言输入就是没有意义的。第二，语言材料要富有趣味，只有有趣的输入内容才会吸引学生的兴趣，将学生的注意力从学习内容转移到意义当中，使学生忽略自己在"学习"外语。第三，语言的材料输入量要非常充分。现在的外语教学对于语言的输入还不够重视，学生学习一个新的知识要通过很长时间的努力，在学习的过程中只有脚踏实地、不投机取巧才是最快达成目标的方法。

从有效的语言输入特点出发，能够看出教师在教学过程中需要从三个角度进行努力：第一，通过听、读等多种方法尽可能为学生提供多样化的语言输入，比如适合学生的读书刊物、影像材料或者是生活中的材料等。第二，在英语教学过程中，不论是教师教授知识还是学生学习知识，都不要只局限于书本上的知识，只依靠书本上的知识很难真正学好一门外语。教师应该借助手中的材料打破学习的局限性，引导学生接触广泛的语言范围。第三，要有多种多样的输出形式。通过接触不同的输入方式，接触的范围更加广泛，学生才能接触到更多种类的语言材料。如城市当中街道的指路标、超市中的商品标识等物体上就有英语，如果能够将这种输入材料加以利用，学生就能在日常生活中轻松地学到更多的英语知识。

（五）循序渐进原则

教师要想在英语教学中遵循循序渐进原则，可以从以下两个方向努力：

第一，英语教学过程将口语作为起始点，在口语练习已经熟练后再逐步过渡到书面语。在英语的表达中，首要的是口语，其次才是书面语。至于为什么是这个顺序，可以从两个方面论述原因。第一个方面是因为在历史的发展中，先有口语的出现后来才有书面语。人们在数万年前的原始劳动中就开始使用口语进行沟通，但书面文字却在很晚时才出现。二者的历史差别对学习英语的顺序有决定性作用，说明了口语需求要比书面语的需求更为迫切。第二个方面是口语中所表达的词汇大多都是比较常见的生活用语，比书面语更易学习，学生能够利用口语练习掌握一定的交际能力和技巧，以满足日常生活的需要，更有助于学习利用的结合。

第二，在语言技能使用上，首先要培养听和说的能力，其次培养读和写的能力。听、说能力能够使学生在英语教学的过程中学习掌握正确的发音及简单的词汇和句子框架。而这些基本的技能都是为了后期培养"读""写"打基础。将"听"作为教学的开始是比较符合国内英语的教学方式的。因为英语是一门外来语种，对于大多数学生来讲都缺少一定的环境，所以听就成为他们学习正确的口音和知识的最好方式，只有听懂才能沟通，这样才能使在教学过程中的英语交际活动顺利开展下去。所以在进行英语教学基础的阶段，教师要为学生最大程度创造好的语言环境，让学生能够在环境中听英语，学习英语，提高自身的听力水平，增强口语语感。除此之外，英语教师还可以结合听力内容逐渐培养学生的口语表达，让学生可以在特定的环境中利用自己所掌握的英语知识表达自己的思想。听、说、读、写作为四项必备的技能，使学生可以全面发展，但这并不是让学生对英语学习内容进行简单机械性的重复。在学习的初始，教师可以从听、说着手培养学生的良好习惯，这样也更有利于学生学习素质的提高以及学习兴趣的培养，甚至还会对教学方法的完善有一定的影响作用。

在对于学生的语言技能进行教学培养时，有一些地方需要特别注意，那就是在教学过程中，学生不可能一次性掌握一个语言项目。在教学时每一个知识点都要反复讲解，反复讲解会更好地加深知识的印象。英语名词中的单复数问题，在学习最开始学生只要知道在英语名词中存在单数形式和复数形式，但随着英语的深层学习，学生会对于名词的复数变化规律有一定了解，到最后可以学习不规则名词的变化。通过对知识的反复学习，学生会对名词中的变化形式有一定掌握。在英语课堂的教学过程中，教师还要结合学生已经掌握的语言知识和技巧相结合，以此作为基础学习新的知识与技能。当然在学习新知识的时候还要复习旧知识，做到"温故而知新"，教师也要为学生巩固基础。

（六）可持续发展原则

众所周知，在完成基础英语教学阶段的学习之后，学生还要在大学继续进行英语学习，因此，在英语教学中，教师要具有很强的可持续发展意识，在实践中自觉地为学生进入更高阶段的学习奠定良好的基础。要想坚持这一原则，教师可以注意下面两个方面的内容。

1. 增加英语语言知识前后的正迁移

遗忘是一个较为重要的问题，它也广泛存在于英语教学中，所以人们一定要尽快复习学习过的知识。然而，仅仅只依靠消极的复习通常不会产生称心如意的效果，还需要在教学中持续让学生的英语实践能力获得提升，换言之要在提升中完成复习，用复习求提升。发展性以及巩固性则需要在观点理解、知识和技能的转化中详细表现出来，比如当讲授形容词和副词比较级时，学生一定要具备有关的基础知识，然后再讲授。其间还应留意，部分知识和技能需要了解得很清楚才可以转化。心理学证实，学生对于之前的知识的正确掌握率为 80% ~ 90%，才可以形成较好的迁移效果。

2. 培养学生学习英语的正确态度

（1）培养积极的情感态度。在情感态度的培养方面，培养学生敢于开口、积极参与的学习态度是基础英语教学的主要目标，对于教师来说，也能够很好地贯彻可持续发展这一原则。在此阶段，关键是要让学生体会学习英语的乐趣，在教学中逐渐把英语学习发展为学生心智的一部分。除此之外，还需要培养学生的自信心和克服困难的意志。

英语与汉语的差别很大，对于多数学生来说，尤其是儿童与青少年，英语作为一种全新的语言，在学习的过程中遇到各种各样的困难是难免的，但这些困难一定要克服，才能完成整个教学过程，这时就需要他们具有自信心和克服困难的意志。另外还有一些情感态度，如抑制、焦虑、胆怯、害羞、缺乏学习动力等，这些在英语学习中都是比较消极的，需要教师在英语教学中帮助学生克服。

（2）选用正确的学习策略。学习策略的定义是学生以实现有效地学习以及提升为目的而实施的所有措施以及方法。英语学习的策略一共有包含认知策略、交际策略、调控策略以及资源策略在内的四种。认知策略为学生以实现全部的学习任务为目标而实施的措施与方法；交际策略指学生以获得更多的交际机会、保持交际并且产生更好的成绩为目的而实施的所有策略；调控策略为学生设计、实行、反省、评估以及调节的学习策略；资源策略为学生以学习或应用英语为目的有效且合情合理地使用多媒体的策略。学生的学习成绩会受到比如健康情况、心理情况、学习动机、学习基础、学习策略、学习环境、教师的水平、家长的影响以及社会和集体的影响等很多方面的影响。其中学习策略是关键的部分。在学习过程中若是学生使用了准确、科学的学习策略，就能够有效地节约时间，还可以防止走弯路，获得更好的学习效果。所以，在英语教学过程中，教师需要引导学生养成切合自身情况的学习策略，然后再帮助他们提升自己的持续改进学习策略的能力。在英语教学详细的实施过程中，教师应引导学生高效地运用自己的学习策略，帮助学生选取科学的方法提升学习英语的速度，还可以帮助学生培养自主学习能力，为终身学习打下基础。

二、英语教学的特殊性原则

除了英语教学的一般原则外，还有一些不常见的英语教学的特殊性原则。下面就对这些特殊性原则进行简要的概述。

（一）用英语教英语的原则

英语课为一门既有很强综合性也有很强实践性的工具课。用英语教英语便是实践性的具体表现，它同时决定了英语教学的成败。用英语教英语的规则也给学生以及教师都提出了更高的要求，它不但需要教师运用英语为学生提供指导以及讲解，还要求学生使用英语和教师做基本的沟通，即经常讲的将英语作为交流工具进行教学和当作交流工具进行学习的基本方面。也就是说，英语不但是教学的内容，也是教学的方法。

英语课堂上教英语是一定会发生的。教英语的含义不但包含教学内容，还包含教学形式。国内目前英语教学中最大的短处便是教学内容与形式被分割开，教师不是竭力地用英语教英语，而是用汉语代替英语进行教学。如此，便难以将英语课变为真正的英语课，同时也难以确保英语教学任务的完美实行。若是英语课堂上没有浓厚的英语氛围，会导致如下不良后果：①降低学生的英语学习兴趣；②影响教学材料的复习巩固；③影响学生英语语感的发展；④影响保持和提升教师自身英语水平。

所以，提升对用英语教英语原则的领悟，在英语课程中尽量多运用英语，不仅是提升英语教学品质的关键方法，还是改革英语教学的关键部分。

用英语教英语的方法会导致教学过程更加科学的同时也具有全局性。这样可以使教师角度的讲直接转变为学生角度的练，也就是一般说的讲、练结合，许多实践的需求就自然可以达成。通常在这种状况下，便顺其自然地养成了精讲多练的教学方式。讲练一体化，这样即使多讲了内容，也不会虚耗时间，学生只是多听些英语。所以，用英语教英语的方式使得英语教学中通常存在一些问题，比如缺乏实践性、讲解多练习少、没有及时巩固知识，使学生学习了新知识就忘了旧知识等，这些都可以在一定程度上得到解决，也基本解决了英语教学大量浪费时间的问题，提升学生学英语的效率。此外，用英语学英语不单单是一种行为，也是精神风采的展现。在这种形式的英语课上，学生可以更加集中注意力，情绪也会更高昂，更配合教师的教学活动，对事物的观察及感悟会更仔细而且敏锐，想象力、联想力以及思维能力也会因为使用了新的语言工具得到新的发展。所有这些能力的锻炼事实上都可以算是学习能力的提升，所以学生一定会在全部的学习活动中不知不觉受到正面积极的影响。

实行用英语教英语的规则，还需要具体实施在教学方法上。一般包含四个方面：①应尽力运用学生已经学习过的语言；②伴随着教学过程的推动，持续更新所使用的语言；③应将已经复习，但是与课本中重复或不足的资料与用英语教英语的方法相联系；④需要专门拟订用英语教英语的方案，包含所有年级、所有课型、所有环节使用的英语以及对应的场景、前后文的安排，还有新旧替换的比例等，要实现教学与应用的同时进行，使学习与交流成为一体。

用英语教英语的难度变化从简单至烦琐、从容易至困难，呈现螺旋上升的走向，也是从低级至高级的系统发展过程。如此，对英语教学的时间潜能便可以得到进一层开发。

用英语教英语的要求规定教师需要熟记学生学习的所有语言知识以及资料。教师在选定用英语教英语的方法和教学安排时，一定要清楚并掌握整体情况。教师如果想保证他教授的学生可以牢记所学，可以听明白教师讲的英语，应先做到牢记所教，在教授领域内可以因时制宜地使用英语上课。

用英语教英语应在实际中成为教师的一种习惯，同时学生也应习惯这种教学方式。习惯的养成需要日常化，并通过一定的规范以及纪律提供保证。在学生方面可以设立学英语用英语条约和督查岗，在教师方面可以设立教英语用英语条约和督查岗。

用英语教英语关键要持之以恒。从课堂上到生活中，从英语教学开始的那一天直到结束，无论是备课还是教课，无论是讲解新课还是巩固旧知识，都需要长久地坚持。这个原则是否可以实行，不取决于能力和水平，而是取决于理解和态度以及情感和意识。

（二）用英语想英语的原则

用英语想英语，就是在运用英语时使用英语思考，而不是使用母语思考。在英语教学法中，经常说运用英语思维，准确地来说应为运用英语思考。

只学习英语却不学习如何用英语思考，是学不好英语的。运用英语思考，就是在运用英语表述和体会时，没有母语思考的参与，也没有"心译"的参与，也可以理解为母语思考的参与被降低至特别少的程度，自己察觉不出"心译"的负担。这种状态就可以流畅和熟练地运用英语了。

无论运用什么工具都是由不熟练至娴熟的。在人们还没有很好掌握工具的时候，会经常做出不必要的行为，需要一面做一面思考。对于刚开始学习英语的同学来说，"心译"便是前文说的不必要的活动，是一面做一面思考的外在表现。前面所讲的思考本质是指在大脑中完成的针对即将呈现出的外部活动的一种检测。用母语交流时，也会产生思考一下再表达的情况，可以理解为在心里将原本想要说的话转变或者翻译成另一个说法进行估量。但是由于经常使用，所以不会使人产生负担或者精神紧张。但是在用英语交流时，因为英语运用不熟练，词汇量又较小，担心出现错误，因此就会习惯性地向母语求援，便出现了"心译"。要想避免"心译"，需要锻炼用英语思考，应减轻学生担心出现错误的紧张情绪，再多练习同义词和同义结构的替换，培养有顺序、有条理的交流习惯与理解能力。

无论是学习还是运用英语，都需要有思想。思想应该有条理、有逻辑。逻辑指的是思想的顺序性。思想的逻辑性、层次性基本上由人的大脑对客观事物反应的有序性和所学习语言的系统水平决定。总而言之，逻辑结构中的观念、判断还有推测对应语言结构中的词、句和语段。所以语言问题和逻辑问题之间是息息相关的。学生运用英语进行交流或者体会其他人用英语表达的思想时，所遇到的困难看起来像是语言方面的困难，但实际上基本为逻辑方面的问题。如果学生不能很好交流，通常是没有厘清思路，欠缺根据严谨的逻辑组织将具备的语言材料进行组织的水平和习惯。没有好的理解能力，通常因为推理能力较差，对听到或者读到的词句不能在逻辑方面进行整体性把握。因此，为了有用英语思考的能力，应该增加英语训练的逻辑性。

对于学习英语的人而言，母语思考以及英语思考一般会交替和交错在一起。处于良好的英语环境中，在情形、话题、前后文、语言形式以及了解内容的情况时，英语思考更易于完成。反之，在情形、话题陌生，语言深奥，不了解内容的情况时，英语思考就难以实现。所以，培养英语思考还应该创造英语环境，营造英语气氛，为了达到更快的练习速度还要下调部分练习的难度。

（三）综合教学原则

语言的三个组成部分分别为语音、语法以及词汇。其中语言中最基础的内容是语音，语言又是由词汇堆砌成的，语法指用词、造句的所有规定。三者都有自己的内容和系统，并且都独自扩展出了独立的科学。然而，这三者也是密切相关的，不能分开。相同的是，学懂了语法，对于学习语调以及词形变化有帮助。增大了词汇量，语音和语法教学才会有用武之处。因此，在英语教学过程中，应对语音、语法以及词汇进行综合学习。但是若将语音、语法以及词汇单独拿出来都不能算为语言，也不能发挥语言作为交际工具的用途。作为交际工具，语言的使用单位是句子。语音、语法以及词汇的用法，它们都只有在句子中才能展现出来。所以，语音、语法以及词汇应贯彻综合教学的原则，可以采取整句练习与单项练习相配合与对比的方法。

1. 在英语教学中进行整句教学和单项训练

语言是由句子构成的。从教育教学的角度来说，教授学生学习英语时，特别是教初级阶段的学生时，最好的方式是整句教、整句学，首先这个时期的课本内容比较简单，句子比较短，学生学会之后就可以直接应用；其次它对培养学生运用语言的能力大有益处。量变会产生质变，学生一旦学习的句子增多，就可以培养出语感。即使听到一个从未听过的句子，也可以凭借感觉判断对错。但是，先分开教授单音、单词和语法知识点，在学生基本掌握之后教授句子的做法看似是有逻辑的教学，实际上并不利于语言表达能力的培养，反而将事情复杂化。如果大力采用这样的教学方法，学生的表达能力会变差，在想要发言时，只能先将单词按照固定的语法重组，形成句子后再按照语音规则表述出来。实际上，这样的表达方式存在两方面弊端：一方面"转化"时间太长；另一方面遣词用句会比较生硬，不合时宜。如果分开教授单音、单词和语法知识，学生掌握的只是语言知识或者生硬使用语言知识，学生运用语言工具的能力没有被开发和培养。结合实际情况而言，如果单音、单词和语法知识有必要孤立教学的话，也可以采用这种方式。但是，英语教学过程中强调的由简入繁与我国有区别，英语的教学原则是先从整句出发，再分析句子成分，最后再回归到整个句子的应用上来。教师在讲授整句时，讲究先易后难，先讲比较简短的句子，再教比较长和比较难的句子，两者进行对比学习。教师虽然耗费了大量精力讲授语法知识和语音规则，但是对语言的应用并没有起到作用。综上所述，英语教学初期阶段，培养语言能力不要过度依赖语言知识。

发音的学习也是相同的道理。如果先学习单词的发音，再开始学习整句的语调，学生就会受到单词发音的局限，更有甚者自以为是，觉得掌握了单词的发音即可，对语调的学习不够上心，不多加练习。事实上，要想掌握地道的语调并非易事，应该注意句子里的不完全爆破、连续和停顿、词的重读或弱化等。通过整句教学，这些情况可以避免，学生学会的语音、语调会更加自然。

2. 在英语教学中进行对比教学

在综合教学里着重整句教学，而在整句中教单词、语法、语音时可以采用对比的方法，自然地引导学生在句子里学习单词、语法或语音。通过这种方式，可以保证综合教学的效果。教师可通过演示动作，使学生看到它们表示的时间概念不同。学生通过对比、分析、归纳，很容易就可以总结出英语动词的一般将来时、现在进行时和一般过去时及其表达法。而且动词的时间表达法是学生自己开动脑筋归纳出来的，这样所获得的印象会更深，记得会更牢。在学习语法的过程中，学生对语言材料观察、对比、分析和归纳，也是对思维方法的一种锻炼。在整句教学中要突出语音，也可以应用这样的方法。

（四）精讲多练原则

精讲多练涉及讲和练两个方面，在重视讲的同时，也要保证练习到位，讲和练相结合才是完整的，才可以发挥教师和学生的积极作用。英语课堂的工作内容也围绕着讲和练，首先讲授语言知识，其次再加以训练。课堂上，讲授语言知识是必不可少的一部分，这样有利于提高学习效果。比如刚刚接触学习旱冰时，上场前教练都会就注意事项和要点技巧先给学员进行讲解，这样当学员开始滑旱冰时就可以得心应手，训练效果突出。英语是一门语言技能，技能是通过实践才能完全掌握的。因此，教师要把重点放在帮助学生加强训练上，提前考虑到学生因为年龄小，对抽象学习内容理解能力差，但是可以接受新鲜事物的特点，在课堂上采取各式各样的活动帮助学生训练，对学生的具体问题进行具体分析，有针对性地解决。学生应该掌握适合自己的学习方法，在系统性学习了一定量语言事实后，定期进行归纳总结，学习要积极主动，这不仅有利于掌握语言交际能力，还有利于培养良好的学习习惯。学生切记不可过度依赖教师的讲解，要留出时间自己反思和训练。

（五）正确利用本族语言的原则

本族语也就是母语。对我国多数学生而言，本族语也就是汉语。学生学英语之前所掌握的唯一语言是本族语，他们用本族语思考，用本族语交际。本族语习惯已经根深蒂固，无时无刻不在对英语的学习和使用产生影响。而对于英语教学而言，本国语会起到迁移性的影响，这一影响有正和负两个方面，如果正确利用，将会对英语教学产生正迁移，促进英语的学习，保证教学的效果。教师要想做到坚持这一原则，应注意以下两点。

1. 使用本族语解释英语

之所以会提出这一原则是因为学生先接触到的是本族语言学习活动，然后才开始学习英语。没有接触到英语之前，本族语言已经根深蒂固，时间、地点和空间等概念已经形成，学生可以独立表达、进行日常交际。因此，用一门新的语言重新构建概念系统并不容易，但是结合本族语言已经建立起来的概念，只需要学会新的语言符号表达形式就可以使新语言的学习得心应手，并在有限的时间里快速掌握技巧和方法。本族语不但具有解释清晰明了、加深印象的作用，还有利于教师教学活动的开展，因为本族语言可以帮助学生更好地理解英语结构和句式特点，还可以帮助学生更容易接受教师的授课方式和课堂活动安排。正确理解英语结构和句式特点可以帮助学生创造良好的学习效果，理解教师的课堂活动安排和接受教师的授课方式有利于学生积极参与课堂活动。例如在教师讲授英语中的时态知识点时，可以先利用汉语对过去时和现在完成时的用法进行简单描述：过去时针对的对象是发生在过去的动作，现在完成时是指过去发生的动作对现在造成的影响。学生们可以直观地从上述解释中理解到过去时和现在完成时都与过去的动作有关系，但是现在完成时更侧重于对现在造成的影响。

2. 通过本族语与英语的比较帮助理解

本族语和英语应该适当进行比较，这样有利于学生加深对两种语言特色的理解，在学习过程中不会混淆。从实际情况来说，学习英语不是一个简单的过程，在这个过程中很难排除本族语的干扰。在适当的场合和情境下，结合英语的表达方式，对英语和本族语的结构、用法等差异进行讲解和总结，学生可以通过两者的不同明确两者在使用过程中值得注意的问题，在使用英语交际时，因为本族语系统的影响而犯错误的情况就可以避免，进而取得好的英语学习效果。

在进行英语和汉语差异对比时，教师惯用的方法是翻译法。例如英语使用过程中，学生经常会写出把英语形容词当作谓语的英语句子，在讲授过程中可以采用把英语句子翻译成中文的形式，学生可以发现英语形容词实际上充当表语。这样的方式可以直观地看出英语和汉语形容词的用法并不相同，避免汉语形容词的使用规则生搬硬套到英语上，否则会造成错误。

（六）背诵与多种练习结合的原则

经过研究发现，大量背诵文章和题海战术对不同层次水平的英语教学都有显著效果。因此，必要条件下，可以继续采用这种普遍方法强化英语学习。

背诵经典文章应该是每个人学习英语初期见效最快的方式。背诵大量优秀的英语文章或段落将会有利于日后的学习，主要体现在以下几点：①有利于练习正确的语音和语调；②有利于巩固词汇和语法知识；③有利于培养语感，提升口语质感；④有利于提高书写能力；⑤有利于增强记忆力。

（七）语言知识和语言技能平衡的原则

英语语言知识包括语音、词汇、语法三个方面的内容，它们是综合运用英语能力的有机组成部分，是发展语言技能的重要基础。英语语言技能指运用语言的能力，包括听、说、读、写四个方面，这四个方面又可以细化为两类：一是产出型技能，包括说和写；二是接受型技能，包括听和读。语言知识和语言技能并不是对立的，它们都是语言能力的组成部分，两者之间是相互影响、相互促进的关系。首先，语言知识是发展语言技能的基础，如果不掌握或了解一定的英语语音、词汇和语法知识，就不可能发展任何语言技能；其次，语言知识的学习往往可以通过听、说、读、写活动的过程来感知、体验和获得，可见，语言技能对语言知识的发展起着促进作用。在英语教学中，一定要处理好语言知识和语言技能这二者之间的关系，具体来说，就是在英语教学中要同时兼顾语言知识与语言技能，使两者达到平衡。而一些观点认为强调语言能力就可以忽视语言知识，这种看法显然是不正确的。因为语言的综合能力所包含的内容很多方面，除了语法知识外，还包括社会语言学能力。例如语篇能力，像观察和使用各种衔接和照应手段等；策略能力，像在交际遇到困难时使用哪些手段回避等。可见，语言综合能力的复杂性，它包含知识和技能两方面的内容。

（八）尊重民族文化原则

语言是文化的载体，语言离不开文化，语言也不能脱离社会。语言又是了解社会现实生活的导向。通过语言特征分析和使用过程，可以了解一个民族的思维以及生活的特点。可以说语言是每个民族文化的风俗习惯的一面镜子，也是文化的表现形式。所以，在进行英语教学时要重视英语国家的民族文化和社会习俗，帮助学生了解中西文化差异，扩展视野，不能穷追，不能回避，也不能胡乱解释或更改。由于学英语是为了用英语，用英语是一种文化交际，不尊重英语民族文化，也就很难用得得体，更妨碍彼此的沟通。

第四节　中等职业学校英语教育教学的问题与对策

一、中等职业学校英语教育教学的问题

职业技术学校，指以职业技能培训、提升劳动力就业水平为主的学校，是我国特色办学模式的产物。从规格上看，有"中等"和"高等"之分；从性质上看，有"公办"和"私立"之分。

在中职学校的类别当中比较常见的是中等职业学校，考生在参加中考后达到一定的分数线就可以选择报考自己想要就读的学校。普通的中等职业学校都是三年制，和高中一样。中职学校一共分为三个种类，分别是中等职业学校、成人中等职业学校和职业高中。中职学校在培养人才的时候会强调学以致用，将敬业和诚信放在首位进行职业道德教育的培养，同时还要锻炼学生的动手技能和职业技能，让职业教育可以面向全方面的企业，为企业输出人才。

中等职业学校中的英语教学指的是在九年制义务教育的基础之上更进一步地教授英语知识的基础内容，主要有三个方面：①主要培养学生"听""说""读""写"这四项技能，以便于初入职场的应用；②帮助学生寻找学习的自信心、摸索正确的学习方法、培养优秀的学习习惯、提高学生自身的学习水平；③让学生能够在学习英语的过程中充分认识中西方文化中的差异，从而树立正确的人生观、价值观、世界观。

（1）课堂教学内容与实际应用相分离，学生接收的知识面不广泛。中职学校的英语教学受到各方面因素的影响，比如生源的质量或相关部门

的教学评估等，现在还是主要强调传统的语言学习，将书本知识作为侧重点进行教学。学生在学习多年英语之后还处于"有口难开，有笔难写"的境地，在工作岗位上普通的工作还可以平稳进行，遇到使用英语多的时候学生就感到棘手，这也对学生本身的事业发展有非常大的影响。

（2）学生学习动力不足，存在英语学习心理障碍。一方面，中职学校学生的英语基础依然很弱，很多学生来自教学设备较差的乡镇中学，没有受过听力、语音方面的系统训练，进入职业学校以后，普遍感到听力、朗读困难，成了"聋子英语""哑巴英语"。另一方面，由于我国职业教育的特殊性，对学生的考核评估还停留在书面分数层面上，部分学生存在"会不会英语不重要，只要学好专业课，就能干好工作"的不正常心理。

（3）中职教材难度偏大，脱离了学生的接受能力。许多中职英语教材没有从学生的接受能力出发，内容过多、过难，理论性太强，与实际脱节，降低了教学的实用性、针对性，从而降低了学生的学习积极性。专业英语教材欠缺，已有教材大多沿用理论课教材编写体系，虽然知识系统符合传统教学习惯，但缺少行业发展现实性和前沿性实例，不利于和现场"接轨"，学生进入现场角色慢，影响教学效果。

（4）教学内容陈旧，教学方法落后。在职业学校的英语课堂中，教学内容联系实际程度低，针对性和实效性不强。从当前实践来看，教师在讲台上通过黑板单调的讲解多，实行硬性灌输政策，且所讲授的内容也往往是教师自己感兴趣的部分。这种模式致使课程讲授成为单向的传授，学生成了被动接受的对象，接受的内容也大多带有教师的自我偏见，单向度的教学模式难以实现学生和教师之间的交流，难以形成教与学的双向互动，难以激发学生学习的积极性和主动性，更难以培养学生实际运用语言的能力。

二、改进中等职业学校英语教学的对策

现在中等职业学校的英语教学在多方面存在着问题，针对现在所发现的问题，以提高学校的教学质量为目的，将能够影响英语教学质量的因素

进行逐一分析，从学生的状态、教师的态度以及教学研究的程度着手，才能找到解决的办法。

（一）学生的学习表现及态度方面

大多数中等职业学校的学生底子薄，没有良好的学习习惯；学习目的不明确，态度不端正，缺乏学习英语的主动性和自信心。在导致目前中职英语教学滞后现状的原因中，除了学生英语基础薄弱以外，情感教育的缺失也是主要因素之一。所以，为了解决目前中职学校英语教学所出现的问题，促进中职学生身心健康成长，全面提升中职学生素质和能力，就必须激发学生学习英语的动机，加强学生的"自尊、自信、自强"等积极情感，帮助学生克服学习中的心理障碍。

1. 加强职业指导，激发学习英语动机

学习动机能直接影响学习效果。高层次的动机能使学生勤奋努力，主动性强；低层次的动机会使学生产生厌倦学习的心理，使学习变得被动。就读于职业学校的学生大部分不会有升学的压力，因此他们对于学习的兴趣并不是很高涨。还因为其知识的基础薄弱，对于学校的偏见，通常都会造成一些自卑心理。学生为了毕业考试进行被动学习，没有主观能动性，这属于低层次的动机。而造成这种动机的原因有两个方面：第一个方面就是学习的起始点比较低，造成了基础不扎实，在进入职业学校之后对于自己的放纵，最终造成了功课越落越多不得不放弃学习的下场。第二个方面是对于未来的职业发展没有规划，处于迷茫阶段，因此不知道学习英语的意义在哪里。针对这种状态可以采取一些措施激发学生对于英语的兴趣以及学习的积极性。

第一，教师要根据学生对未来的职业规划帮助学生在中等职业学校中更好地学习，其最终目的也是给进入社会后的工作奠定坚实的基础，帮助学生对于自身就业以及职业规划有清晰认知，使学生有明确的未来规划，向着坚定的目标前行。教师现在就可以让学生从自身特点考虑，并对学生对于工作需求的认知给予一定的指点，提供一些找工作的途径，还可以教学生一些小技巧，让学生清楚地认识到一口流利的英语会对他们找到理想的工作有很大帮助，即使在工作之后也要继续学习英语，清楚了解英语的重要性。这样学生就会将学习英语和自身的发展相联系，从而激发学生对于学习英语的自觉性。

第二，用鼓励的形式激发学生对于英语学习的积极性。在人们意识到自己可以承担某件事情的责任时，会在内心里对于活动产生一定的想法，还会在心里产生动机。而最能使人产生这种认知的最有效的方式就是使人体验到成功，心理学的科研人员曾经说过，世界上最使人满足的事情就是获得成功，任何事物都不可能比成功更加鼓舞人心。追求成功是人类生存的基础的内心动机之一，所以身为一名教师，一定要尽最大全力满足每位同学的需求，给予他们获得成功的机会。尤其是对于成绩中等的学生，一个非常小的成功体验都会使学生的内心激动万分。

在现在的中等职业学校里面存在着一些不好的现象，比如学生的情绪不好，学习动机不正确，学习收获微小等。面对这些状况，教师应该每时每刻为学生创造便利的条件，使学生能够最大限度地通过自己的努力收获成果，通过这种体验找到自信，教师在进行英语教育中，将成功的体验融入教学当中，经常夸奖学生，善于发现学生的转变。就算是一个单词或一句话的进步，都要给予一定鼓励。教师对于学生的缺点不要直接指出，以免伤到学生的自尊心。当然也可以表扬学生，在学生充满自信心的时候对学生提出更进一步的要求，人们在被夸奖而增添自信的同时，会更有责任感。

2. 培养学生学好英语的信心

英语新《课程标准》中强调，要使学生"在英语学习中有较强的自信心，敢于用英语进行交流与表达是英语课程的一项重要任务"。自信心对学习英语具有非常积极的影响。在其他条件相同的情况下，自信心越强，越易成功。困难和挫折，仅仅是适应新环境的过程。能培育和发展学生自信心的教学是成功的教学最重要的标志之一。教师是否悉心教育和保护学生的自信心，是检验教师是否有一颗不变爱心的试金石。如果教师通过自己的教学活动而使学生获得自信，那将是教师赠给学生的最珍贵的礼物。

由于中职生文化素质较差，他们的内心世界常处于沉闷、内疚、痛苦、自卑、冲动等状态之中，他们也很少得到赞扬，所以他们更渴望得到表现自己的机会，渴望得到好的成绩，得到他人的表扬，得到他人的尊重。中职生面临的重要心理困惑是自信心不足，而自信又是人生成功的基础。学生的主体活动是学习，只要学习上取得进步，就会使他们增强勇气和自信。对于中职生这一特殊群体，在教学中要注意多采用情感教育，帮助他们找回自信。

在教学的过程中，教师可以为学生设立一个目标，学生会充满自信心并提高自身对于英语学习的兴趣。这样不论是班级整体还是学生个体，都会收获所期望的成就。

（二）教师的课堂教学方面

在中等职业学校的英语教学中还是使用着传统的教学方式。大多数教师在教学的时候使用的方法过于陈旧，传统而且枯燥，教学的内容比较单一，缺乏多样性。这样的教学使课堂的氛围较为压抑，很难引起学生的兴趣，导致课堂效率低，使学生的英语水平成长缓慢。针对这种情况，可以使用以下方法增加课堂的教学效果。

1. 激发学生学习英语的兴趣

对于学习的兴趣在教学过程中所起到的作用，各界的研究学者对此有不同的看法。学习越优秀的学生就越喜欢英语，而学习越不好的学生就越对英语不感兴趣。既然清楚了兴趣对于学习的重要性，那么在中等职业学校的教学过程中就应该让教师采用多样化的教学方法培养学生的学习兴趣。

首先，要创造一个轻松的学习氛围。因为大多数就读于中职学校的学生都是青少年，他们的兴趣比较广泛，会依照自己的兴趣选择学习的方向。大多数学生喜欢的课堂氛围是轻松愉快的，传统的教学课堂只会为学生增添沉重感，影响学生的情绪和积极性。

其次，在教学过程中增添一些实用性的英语技能。现在中职的英语教学中，教学方向往往会根据学生就业方向去选择。在课堂中多一些实用性强的技能训练不仅可以吸引学生的注意力，激发学生学习的积极性，还可以锻炼学生在实践的过程中使用英语，使学生从内心散发自信，相信自己。

2. 利用通信网络技术设立场景

随着现代通信网络技术的快速发展，全球范围内外语教育丰富多彩，计算机、多媒体辅助语言教学已成为主要潮流。和以前教学方式相对比，计算机、多媒体辅助教学有极为出色的课堂经典之处，教学内容最大程度地得到展示，主要内容对大众思想方面起到感化作用，这种教学方式自身极具表现力，极大迎合学生观看、收听需求。因而依靠代通信网络技术进行中等职业英语课堂教授是很有必要的，也适应课堂教授手段发展的趋势。

学生在沟通中锻炼语言，使用场景局限语言表达能力。观念的形成源自学生对情景生活的真实反应。学生首先对情景有一个初步认识，其次脑海中产生特定的观念，直到用语言表达出来——沟通交流。沟通交流适宜熟悉的情景，因此，课堂上教师可以通过设定与实际生活息息相关的情景激发学生使用英语交流的可能性，这种尽可能模仿日常生活、学习的情景方式可以更加实用地学习英语。不仅锻炼了学生的人际交往能力，还在这一过程中掌握了英语的口语习惯和表达方式。

3. 增加信息量的导入

大量的语言信息导入的同时有大量语言导出。中职英语教师的课堂语言大部分为汉语。中等职校学生在英文学习时，可以用来学习英语的方法并不多。大多数学生只能把课堂作为学习英语的唯一途径。教师为了迎合学生的实际现状也用汉语教学，或者一半用汉语，一半用英语。课后，大多数学生受到自身语言能力的限制，不能通过看电视或听广播来接收更多的英语知识，这导致他们在过去的十年中日复一日学习英语，但是他们的听写能力仍然非常弱。因此，应该充分利用课堂时间，增加英语信息的输入，提高课堂水平。过去，依赖黑板书写的课堂形式显然无法提供所需的信息量，而计算机、多媒体技术处理具有一边处理文字一边与学生交流的优势，通过互联网可以实现信息资源共享的优点。利用音、视频、声音和图像的组合，以及声音和声音的结合，可以生动地呈现教学内容，并且可以扩展信息。在完备的教育设施条件下，英语教师对这些先进的教学设备充分调动，向学生展示出自然逼真的语言环境和生动的实用语言，让学生融入其中。在轻松愉快的氛围中进行英语学习，这不但有利于扩大信息库，而且促进了学生学习更多的知识，知识面越广，学生的接受能力也会越强，从而使得教学得以高效。

4. 培养学生的良好学习习惯

中职学校课堂教学管理中常见的问题是课堂气氛沉闷，秩序混乱，学生精力不集中，思想分散。要使学生学习既有趣又有效，教师应不断调节课堂教学节奏，松紧结合，富于节奏，学生活动动静结合，张弛有度。如教师精讲后立即转入学生练习，在进行了一定量高密度、快节奏的练习后，给学生一些时间自行支配，看看书、记记单词、听听录音或书面练习，让他们有时间回忆、咀嚼、消化新知识。

同时，对学生学习习惯的培养，在英语学习中也是相当重要的一环。良好的行为习惯对一个人的成长至关重要。中等职业学校学生总体素质参差不齐，或多或少地存在这样那样的不良习惯，而且这些习惯非一日养成，难以一下子改掉。这就要求教师必须重视这个问题，采取有计划、有步骤、切合实际的方法来帮助他们改掉。教师要做到勤观察、勤检查、勤引导，因材施教，帮助学生养成良好的习惯。培养学生课前预习，上课专心听讲的好习惯，可提高学生课堂利用率；培养学生课后复习，独立完成作业的好习惯，可提高学生的学习能力。

（三）教材使用方面

课堂教育的优劣深受教材选取的影响。目前，中等职业学校选取的统编教材和就学专业和职业联系不紧密，难度高，难以支持不同水平学生和职业的要求，也无法体现现行英语教材的实践价值。怎样使教材适应学生发展，勾起学生的强烈好奇心，能够真正满足学生学习需要，这些都是中职学校英语教师日夜思考的关键所在。针对现实存在的问题，应该采用确实的措施，改进教材内涵，改善课堂效果。

1. 根据专业需要灵活选择教学内容

目前职业学校的课程还采用分基础文化课及专业课平行的模式，此种做法的落后，加以课堂教学形式的呆板无趣，也是学生对学习不感兴趣的外部原因之一。当教师做好基本的授课工作之后，那些对学习不感兴趣的学生无所事事，感觉课堂非常无聊。教师在完成既定教学目标的同时应该把眼光投向基础不良且对学习不感兴趣的学生，对他们进行悉心教导，查漏补缺。通常这一过程困难重重，非常耗费精力。

中职教育目的在于培养学生职业素质，所以教师也要改变教学模式，明确对英语专业的支持，学校的教材应注意英语落实专业的要求，专业有差异，对英语的需要应该各取所需，最好的解决方式是即使同一所学校也可以选用不同版本的教材，以满足学生职业规划。

2. 因材施教编制校本教材

经过调查，中职学生底子较差，很多来源于偏僻农村，中学学习时间不够，英语水平高低差异甚大，学习动力不足，难以支持良好的英语效果，对英语学习觉得困难非常大。因而中等职业学校英语课堂应该重视教材差异，依据学生特点落实教材。

第一，要在学生进入学校时摸清其现有的英语水平，对英语要点的了解程度，这对于以后发掘英语学习兴趣点至关重要。

第二，根据调查情况对学生进行划分，对语法、音标要点等进行重新学习，以便让学生加强英语相关知识的学习。鼓励学生积极阅读和勇于表达，引导他们发现英语有意思的地方，使他们对学习英语产生兴趣，增强他们对自己可以学好英语的信心。

另外，职业教育与普通教育有所区别，必须体现职业性特征——即要随着时代发展开设相应专业，从而要求教材也要不断与时俱进。职业学校可根据本校学科设置特点和实际需要，组织专家编制校本教材。中职英语校本教材开发研制可按以下程序进行：①现状分析，包括目标需求分析，学习需求分析及专业基本情况分析；②大纲制定，在需求分析的基础上，制定出以专业为基础的大纲；③教材编写，可使用选编、新编等，旨在编写互动性强、学生兴趣浓的教学内容；④教材实施，采用立体教学模式，课堂教学与就业单位实习交叉进行。校本教材的编制本着"学以致用"的原则，结合学生年龄特点，贴近学生日常生活，适合日后就业需要，培养学生与人交流的能力，使学生感觉学起来有趣，生活中有用。

（四）教师的科研方面

教师的科研能力水平是其自身专业水平、教学方法、自身教学素质和心态等诸多方面因素的复合体现，它是探索解决实际教学难点和顺应教学发展的能力体现。据调查，教师在进行教学研究时受到很多局限，具体表现在中职学校英语教学的科研工作没有时间开展，教师在日常忙碌的教学工作中分身乏术，关于科研工作实在心有余而力不足，即使初心不改，但由于精力及时间原因，一再搁置。这使得教师遇到教学问题时，仅仅凭经验或依靠别人解决，而不是从英语教学研究方向上剖析、解决相关问题。教学方法无法同步时代、无法有效提高英语教授质量，教学水平停滞不前，流于经验。此外，教师因为自身水平有限，没有深入了解教学研究的关键作用，对研究方向没有清晰的概念。他们不了解教学和研究在改善课堂教学和提升自身教学水平方面的巨大潜能。而且有些教师认为自己的工作负担会因为科研而增重。老旧观念束缚了教师的意识，认为课堂教师的任务就是教学，科研是学者们的专攻，这不利于提高教师的专业素养以及教育技术水平，甚至会影响教师本职工作的正常开展。

（五）教师的专业发展方面

职业学校应该大力支持教师制订可执行的自学计划，并仔细研读将职业学校特色与英语相结合的自学教材，使教师不断提高自学的基本能力。学校提供教科书、讲义、大纲等，教师认真记录学习内容，并通过自学完成工作需要的全部内容。学校也可以采取措施监督和评估教师自学情况。这样，教师的教学知识不但可以在教学实践中实施，而且自身英语教学水平也可以进一步提高。同时，引进教育机构专家或相关学校高级英语教师进行专业示范，或者采取听课的方式对教师的学习成果进行检验，可以从课堂教学和科研成果两个方面进行详细分析和讲评。这样的方式对英语教师的教学水平的提升有明显的效果。一定要积极实施教育管理部门的教育自学计划，给予教师充分的自学进修时间，争取短期时间有立竿见影的学习成效。最重要的一点是要保证学习效果，流于形式的应付检查是对人力、财力、时间的多重浪费。学生的全面发展和职业规划需要正确的教学价值理念打下坚实的基础。与此同时，现代通信网络技术的快速发展也使得英语教学概念被更多人熟知。

利用现代通信网络技术替代以往的教学情况，越来越多教育时代进步观念和创新的教学措施落实于教学，这是必然的。通过计算机、多媒体知识学习，使教师在英语课堂授课中能因地制宜地使用先进课堂系统，并能用程序编辑创立不同学习英语的环境氛围，可以便于学生视听，使学生通过以上手段抓住生活素材，提升视听水平。通信网络技术的应用能够使学生在英语方面综合能力的培养得到训练，使学生在课堂教学的较短时限内有效提高听、说能力，可用英语思维和表达解决问题，为英语流畅沟通打下较好功底。

增加英语优秀教师出国研修的机会。英语在英语国家作为交流工具，只有切身体会、学习、查阅、沟通，才能确实了解其文化内涵、社会环境和在职业工作中的使用，此对英语教师拓展分析问题宽度、提升英语课堂授课水平大有裨益。

第二章 中等职业学校英语教育教学方法

英语课堂教学离不开对英语教学方法的实施，英语教学法是有关英语教学的思想体系。英语教学中教学方式的探讨，受制于现今时代教育的多元化进展、合作共荣等背景趋势的影响，一度需要借助教学实践的全面性和教学理论的丰富性全面展开。趋势的定向发展一度为英语教学提供了可行性方略。本章围绕情境教学法、任务型教学法、交际型教学法、互动型教学法和自主学习型教学法展开研究。

第一节 情境教学法

一、情境教学法的理论基础

情境教学法的理论奠基源于 1870 年左右，并随着时过境迁逐步演变成一种新的教学方法和谋略，该理论教学应用于实践场景中，主要以建构主义架构为理论奠基，并在理论观点和教学方法策略上不谋而合。故此，以建构主义基本知识的探讨为切入，引出本节所要探究的重点。

（一）建构主义理论的背景

建构主义可分为广义和狭义两种形式。广义的建构主义有着深厚的思想渊源，古希腊的主观唯心主义哲学、不可知论、怀疑论是建构主义的最早源泉。建构主义的思想起源于 18 世纪初的意大利学者维柯。意大利著名的哲学家、历史学家维柯对建构主义产生了较大的影响，他认为，人能够认识人类历史是因为人创造了人类的历史，而上帝能认识自然界是因为上帝创造了自然界。其后，哲学家康德进一步拓展了建构主义思想。之后，随着心理学的不断发展以及心理学家对人类学习过程中认知规律研究的不断深入，到 20 世纪后期，建构主义学习理论在西方逐渐流行起来。

建构主义是认知心理学派的一个重要分支，建构主义理论有两位重要的先驱者，他们是瑞士学者皮亚杰（J.Piaget）与苏联心理学家维果斯基（Lev Vygotsky）❶。

1. 皮亚杰的观点

皮亚杰作为建构主义最具认知色彩的心理学家，以其在认知领域的发展观著称，其中著名的儿童认知发展学派中最具特色的分支为日内瓦学派。该理论的诞生源自该核心人物数载孜孜以学地观察研究。在他的认知实践中，以认知结构—智力活动—新知识掌握为发展常态。而智力活动范围之内的相关认知结构，均受外界刺激和内在反应的共同制约。

建构主义以皮亚杰基本观点为核心，就儿童自我认知结构发展进行概括，整体上就周围环境互动和外部世界知识联通获得发展契机。儿童作为认知主体，与环境的适应过程是相互的，并以同化和顺应作为相互影响的分项内容。

故此，信息接收者以外在刺激为本，信息内化称为同化；信息接收者随外部信息刺激而变化，信息内化称为顺应。前者是认知结构数量扩张的结果，反之，顺应是认知结构的质变。为确保信息接收者对周围环境的平衡效应，同化和顺应交替出现；平衡认知状态的认定，多受惯性思维导图的信息同化影响；反之，一旦惯性思维导图的信息不能被同化，则平衡状态荡然无存，新的平衡的创建，需对原有图示进行再修改和再顺应。儿童认知结构以此为借鉴，透过同化和顺应两种策略的逐步构建，在循序渐进的发展进程中，以"原始平衡—不平衡—再度平衡"为方略，不断丰富、不断发展、不断提高。皮亚杰观点中所提及的建构主义相关概念，均在同化和顺应中得以承继和发扬。

---

❶　冯克朋 . 张晨霞新英语课堂教学理论与实践 [M]. 复旦大学出版社，2014.

2. 维果斯基的观点

维果斯基提出的"文化历史发展理论",强调认知过程中学生所处社会文化历史背景的作用。在维果斯基的社会建构主义理论中,"最近发展区"是最有影响力的概念和理论之一。"最近发展区"可用来解释社会互动的过程如何帮助儿童内化高级心智功能。维果斯基认为,个体的学习是在一定的历史、社会文化背景下进行的,社会可以为个体的学习发展起到重要的支持和促进作用。在教学语境下,"最近发展区"实质上涉及的是教学与儿童发展之间的关系。维果斯基认为,教学必须考虑儿童已达到的水平并要走在儿童发展的前面。为此,就要确定儿童的发展水平。维果斯基认为儿童的发展有两种水平:一种是儿童现有的发展水平,即现实的发展水平;另一种是儿童在有指导的情况下借助成人的帮助可以达到的解决问题的水平,或是借助于他人的启发帮助可以达到的较高水平,即潜在的发展水平。现实的发展水平与潜在的发展水平之间的区域就是"最近发展区"。在此基础上,以维果斯基为首的维列鲁学派深入研究了"活动"和"社会交往"在人的高级心理机能发展中的重要作用。这些研究使得建构主义理论得到进一步丰富和完善,为实际应用于教学过程创造了条件。同时,维果斯基还强调社会文化、对话等因素在学习中的重要作用的观点。总之,维果斯基的理论对正确理解教育与发展之间的关系具有重要意义。

虽然皮亚杰和维果斯基的理论各有侧重,如皮亚杰更强调个人建构,而维果斯基更重视社会建构,但总体来说,在基本方向上,皮亚杰和维果斯基都是建构主义者。他们的思想对后来的建构主义学习理论产生了重要影响,并开启建构主义的两大倾向:个人建构主义与社会建构主义。

(二)建构主义理论的观点

建构主义相关理论和核心观点的具体内容包括下述几个方面。

1. 知识观

(1)一方面,在该知识观的基本理念中,将知识相对性和决定性割裂,并在实践应用中摆脱僵化的套用形式。这主要基于人类对客观世界的基本看法，并对客观世界的模糊化理论进行了系列构想和假设，而相关解释和假设在不同人们认知结构实践中不断演变和续写。受事物具体情况下的特定情景教学性质的影响，将教学过程简化，克服教条式死记硬背的方法，需要在不同的教学情景之中进行针对性把握。另一方面，教学的过程不是单一的知识接受过程，而是引导学生对各种教学现象进行正确引导、合理转换的过程。教师作为知识传递的核心人物，迫于教师威严的教学方式是极其错误的，而善于聆听学生心声，对他们的看法现状进行总结，对丰富学生思维、理解教学深层次解释极为有利。

（2）知识的模糊化特性，决定了其不可独立于个体之外的非实体特性，一方面知识以语言为外在形式获得了大众的普遍认可，另一方面学生对知识的理解并不能达到同步化。真正意义上的学习过程，应是学生建构主义的过程，应是立足于自身经验背景的特定条件下的语言再现活动过程。

2. 学生观

（1）建构主义在学生观的阐述内涵中，将学生学习的情境归为非空脑袋过程。这一理念的诞生，主要受制于日常学习生活，从现实经验知识出发，进而发表了对所属事物的真实看法。尽管如此，在学生面临前所未有的问题时，现实经验的匮乏使其不足以应对问题，故此，全凭以往经验出发的认知方式，势必需要他们从原因的认知中出发，以自身能力对问题进行解释和假设。

（2）学生作为学生，并非清洁如纸，而是在自我认知图谱上累积了一定程度的经验，并在生活中"学以致用"，且以此为建构主义新知识的观点支持，其重要作用意义显著。于学生来说，形式多样的知识结构图示及其衍生的相关观点，无疑成为学生学习中的馆藏资源。在学生自我认知中，对事物的理解是逐渐建构的过程，并受学生基本情况和观点看法的不同而迥异，而学生据此展开讨论并协作共享思维成果，极大程度丰富了学生对知识的全面理解。教师以上述观点为借鉴，在直接程度上正视了学生现有知识和经验，改变了以往外部施压的"填鸭式浇灌"学习法，并为新知识提供了固有知识经验支持，督促学生不断在知识经验中生成新的知识。

3. 学习观

（1）学习的过程是学生对相关信息刺激主动接收的过程，也是建构主义意义上学生固有经验知识背景、内部信息外化后自主选择和再加工处理的过程，也是学生真正获得意义的过程，是建构主义对学生内外部信息进行调节，在新旧知识之间反复流转的过程。

（2）学习意义是学生不断调整和改变的过程，也是学生必须经历的以知识经验为基础、以新信息再认识和编码，建构新知识、理解新知识的过程。

（3）学生以同化和顺应为基本认知结构，并历经不断变化。二者同为认知结构中的变量，同化为量变、顺应为质变。同化和顺应二者相互交替、共同存在、周而复始；平衡状态交替往复，为学生认知水平发展的过程。学生以此将信息进行复杂累积，将新旧知识进行结构重组。在学生和环境中，信息输入、信息存储、信息提取为知识间双向调节的互动过程。

4. 师生观

（1）建构主义师生观强调教师的引导意义和价值对教师的影响。主要观点表现为，教学的全过程应是教师不断帮助和引导的过程，也是极大提高学生学习、兴趣，培养学生良好学习动机的过程。教师基于此，借助教学情境设计，联动新旧知识间的合适度，形成完善的知识意义。

（2）教师的角色扮演情况。一方面，教师作为知识传播的转变者，由被动传授知识的权威地位过渡到引导学生学习的倡导者，为成为良师益友提供了合作契机。举例来说，学生知识建构的过程，应是学生对新的认知情况的再加工过程，更是满足其学习心理的基本体现。故此，教师心理模式的转变应以学生为基础，是应用元认知工具及其心理测量工具，实现学生认知模式重构的过程。另一方面，教师在建构实践中，要激发学生潜能，从实际出发，维系、帮助和引导学生，启迪和保持学生良好的学习动机。情境教学的应用，正是维系新旧知识，挖掘学生知识间的线索，助力学生当前知识学习意义的过程。为达到学习意义的强有力效果，势必需要教师作为引导者，组织协调、合作交流，共同建构成有利于学生知识学习的引导者。

（3）就学生的角色而言，学生是教学活动的积极参与者和知识的积极建构者。建构主义要求学生面对认知复杂的真实世界的情境，并在复杂的真实情境中完成任务，因而，学生需要采取一种新的学习风格、新的认识加工策略，形成自己是知识与理解的建构者的心理模式。具体来说，学生要用探索法和发现法去建构知识的意义，要主动去搜集和分析有关的信息资料，对所学的问题提出各种假设并努力加以验证。学生还要善于把当前学习内容尽量与自己已有的知识经验联系起来，并对这种联系加以认真思考，因为联系和思考是意义建构的关键。

5. 学习环境观

建构主义在环境观上的阐述，主要基于学生对知识的再建构过程，而期间要处理好学生和他人之间的关系，做好互相沟通、互相交流工作等，获得现实意义上的学习效果。而学习环境设计具体包括学习情境、学习协作、交流、意义价值四方面。

（三）建构主义理论的特征

（1）经历与语言。个体要处理好个体社会经历、语言学习的关系，需以建构主要的发展观为出发点，联系好二者情况。知识语言的获得，需学生从个体现状出发，厘清自身经验、知识能力、个体记忆情况、教师讲解内容能力等的主从关系。而诸多特征决定了个人社会经历、个体学习情况等的有机结合，以便更好地掌握语言学习技巧。

（2）学生学习中素材的重要性。从作用来讲，素材是新型教育发展观中因材施教观的集中体现。材料的选择是复合的、动态的、发展的概念。鉴于此，在教学环节衡量学生实际发展水平不能忽略学生潜能，要将全面发展作为考虑内容填充进去。建构主义的基本学习理论表明，英语教育是把教学设计、教习目的、教学环节、情境对话的意义价值等作为重点内容进行细化的全面学习过程。

（3）注重交往的作用。教学中的交往作为一种学习背景和学习手段，日益受到人们的重视。在教学过程中，应当突出学生的主体性地位，使得交往成为一切有效教学的必需要素。建构主义学习理论强调交往在教学中的作用，真正将教学看成一种"交往的过程"。交往在教学中的作用表现在两个方面：一是学生与教师之间的互动。这就需要改变教师在课堂上的角色，发挥课堂中的主导作用，积极并有意识地创造师生之间交流互动的条件和氛围。二是学生之间的互动交流。互动是建立在语言交流的基础之上，是语言实践和运用的基础。在互动的氛围及其作用下，学生可以主动地学习语言。

总之，在教学过程中，通过师生之间、生生之间的交往、沟通和协调，可以使教师和学生共同完成教学目标。学生可以在交往中发现自我、增强主体性，从而形成主体意识；还可以在交往中学会合作、学会共同生活，形成健康而丰富的个性。

二、情境教学法的原则

（一）意识与无意识统一、智力与非智力统一原则

该原则作为情境教学法两大基本原则，是其实现的必要条件。学生在日常学习中，首先需要发挥工匠精神、集中思维学习、刻苦钻研；其次要促进学生智力活动，需充分调动学生的主观积极性，发挥其对兴趣爱好、目标愿望、学习动机等的认识。在详尽的教学环节中，教师要引导学生个体处理好理智和情感的关系，避免盲目地"刻苦死学"，而要设身处地地调动学生整体潜能。客观上，最佳的学习状态应是集中精神、轻松学习的状态。基于此，学生要做到张弛有度、松紧合宜，自然而然地收获情境学习法的良好学习效果。

（二）轻松体验原则

情境教学法的轻松体验原则要求教师营设最佳的处理学生问题的方式。把握好其间的气氛，引导学生开展自身思维潜能，辨明正误，求解真谛。

该原则强调学生的主观感受和客观能力，需将"过程"和"结果"置于等同位置上，真正理解和掌握问题的解决之道，避免思想包袱。

（三）学生自主原则

一方面，师生之间互信关系的良性维系，二者关系和谐方能确保师生关系符合教育要求。此种场景下，可将师生关系的特定性作为情境教学理解的方物，在信任理解中，如期完成教学任务。基于此，师生间的互相了解可以拉近二者关系、确保师生间彼此的默契。

另一方面，师生间自主活动的原则与相互尊重的原则能从侧面反映学生的学习情况，教师在实施教学环节，必须坚持以学生为中心的主体教学方略，以便借助适度鼓励即时指导学生的有效学习，规律性教学探索对学生独立思考能力、自我评价精神、自主创新能力极为有利。因而，情境教学的提出以此为实践教学新模式，并对教师顺利完成教学任务、合理指导学生社会实践具有积极的应用效果。

三、情境教学法的应用

（一）设计情境

建构主义理论认为英语情境教学中的英语以语言学为基本社会文化背景，联系现有教学情境的教学。在现有的教学场景中，学生据此可以做到旧有知识自身夯实，旧有经验和知识联动现有知识体系结构，以便在二者的融合中吸纳知识并二次利用。而后，对学生实践教学设计及其引导措施进行更新、指导其参与真实教学情境、合理设计情境教学，需从以下六个面来分析。

（1）布置任务及其呈现范畴。教师在此方面的努力需综合教学任务的潜在基本条件，如物理背景、班级组织及其社会文化形态等基本状况。任务布置和呈现实施方略应是集合趣味性、积极参与的过程，在呈现形式上极富吸引价值。该特点对教师的启发表现为以网络技术、图文图像处理技术等文本和音、视频形式展现的过程。这不排除，在问题呈现过程中所包含的学生空间利用呈现和操作场景及其难易度把握，以便形成统一的决策意见。

（2）教师指导方略范畴。建构主义是以信息加工为基本主体，选定学习中心人物、主动架构知识的有意义过程。教师作为这一环节的指导者，对组织协调师生关系、生生关系，建构指导学生，具有明显的促进效果。

（3）提供教学范例，有效解决学生问题。常规来讲，学生在学习中会面临问题，而在问题处理上多侧重经验之谈，并随之在心理上构建解决模型，而相关范例的供给一度成为学生解决问题的必要性措施。教师应以系列学习参考经验为出发点，权衡观点、多视角、多思路地解决问题。此种做法在学生解决问题上，一方面弥补了自身缺点，另一方面，对学生灵活解决问题，培养认知能力提供了有效路径。

（4）在学习设计上发挥自身自主学习和主观能动性。情境教学的核心和主动建构知识体系要求在教学主体设计、环境意义、学习诸环节中设计出满意的教学方法。从实际设计来看，建构主义以学生为主体、自主学习为内外制约因素，二者共同作用是建构主义知识意义的灵魂所在。学生以情境教学为基础，自主学习、不懈探索、勇于发现，并借助自我学习，完成知识学习和运用的全过程。由此看来，该部分作为情境教学设计中不可或缺的部分极为重要。

（5）建构模型，善用信息资源。以建构主义情境教学设计为例，其实践环节离不开对相关信息及其数量种类的权衡，以在现实环节建立问题、解决问题。海量信息资源的涌入，在丰富学生馆藏资源的同时，也给予了学生充分掌握知识的机会，并通过现代化音、视频及其图文图像、文本处理等途径获取了丰厚的学习资源。

（6）以可视化信息资源为主的认知工具。顾名思义，运用工具为学生思维成长建设提供了必要的信息支持，并通过学生心智模式和设备的形式展现出来，而该领域的专家学者及其知识库的选择，促进了学生信息能力的拓展和感官输入功能的增强、信息机制的呈现，集中反映创作者的思想，并在信息资源互换中，以获取、分析和编辑过程表现出来。

（二）构建意义

建构主义的构建主要基于其教学过程来实现：真实教学场景的创设（关联当前教学核心主题内容）—唤醒记忆（知识或经验等具体形象有效激发联想）— 激发引导学生参与教学实践的积极性（链接新知识和旧有相关经验）— 调整原有知识—吸纳新知识并纳入大脑知识体系。如此构建过程，即学生相关问题理解、相关知识运用、教学方法构建意义阐释的形成过程。这一教学过程对学生知识理解、问题解答、知识运用建构意义极大。一旦真实课堂匮乏真实情境，则有碍教学的生动性和丰富内涵，反而不能联动学生有效激发教学兴趣，故此，有碍学生长期记忆的提取和存储，最终导致学生语言学习困难重重、效果差强人意。可见，构建意义和情境设计相得益彰。

（三）评价效果

情境教学评价方式的多元化，需从以下六个方面来分析。

（1）教学环节学习目标的评价。教学更高一级层次的学习为此次评价的关键点和核心内容。情境教学法立足于建构知识，历经发现知识—监控和调节学生学习过程和结果 — 综合运用知识等过程。此种皆以高水平智力活动运用为技巧，与学生整体认知水平、知识发现能力及其他建构等目标相契合。

（2）衡量学生进步的标杆。建构主义下学生进步的取得，是以知识重构为评价内容的再现过程，并在审慎的教学方法中，以全面的、动态的、发展的评价路径，作为对学生经验取得进行衡量的标杆，且在相关经验学习的检测评价方面，更好地归置到有序教学实践之中。

（3）真实语境的讨论评价。该评价策略无论是在评价背景上还是在教学背景上，都以其真实的知识场景利用效能实现了新知识的再获得过程，并在特定的评价内容和背景之中寻求真实意义上的客观评价效果，并确保了评估效果的科学性。

（4）学生参与效能评价。这项内容涵盖学生的学习过程和学习效果。前者凸显学生的主观能动性——知识意义是否主动建构。尤为重要的是，该评价方式和评价内容是在学生课堂学习中心性范围内，对学生课堂学习诸方面综合权衡的结果，即参与活动的积极性、课堂听讲环节注意力集中情况、课堂讲解和讲座环节是否认真聆听等。在评价效能上，课堂活动的整体评价应是对学生知识和技能掌握高低、学习态度端正与否、自我评价目标与基本兴趣爱好的吻合度、基本学习策略评价情况等内容的评判。

（5）多元化评价内容和主体。评价学生对同一知识点的理解情况，需在学生自身知识经验的基础上，渗入对新事物的新理解，以便在多元评价方法中寻求最佳评价方式。

评价主体和客体的区分在于评价内容和评价标准的影响情况，一般以教师为主评价人员，但不排除专家或学生自身。无论评价主体如何变动，评价形式和评价标准一度对实现评价的客观性极为有利。采用旧有标准参照评价法协同现代学习文件夹的综合策略，对学生学习结果进行对比分析，可以从中查漏补缺。而现代学习法的应用在评价方法上更倾向于师生的协同评价，二者共同搜集并对学习成果进行评价、反馈，在整个学习过程实践中，它为学生进步提供了外援支持，并丰富了评价方法。

（6）及时反馈评价信息。情境教学法的大力应用，是教师对学习过程全面重视的结果，也是教师帮助学生、为学生提供证明支持的结果。无论是学生评价的何种阶段，教师都能在信息再分析和加工中整理出一条适合学生个性发展、阐述了信息反馈之于教师评价和指导学生的重要性的道路。凡此种种，在学生信息反馈中为学生自我发现缺点并修正提供了学习方法和策略上的指导和帮助。

第二节　任务型教学法

一、任务型教学法的含义与目标

（一）任务型教学法的含义

20 世纪 80 年代时，任务型教学法开始萌芽并获得了较快发展，并被很多的英语教学实践者和应用语言学家所提倡和推崇。任务型教学法是在交际教学法基础上的扩展，是注重让学生在实践中进行学习的一种教学方法。该教学方法指出：在活动中对语言进行实际运用，从而让人们掌握一种语言，因此语言技能的获得和语言知识的学习都是在实际运用中得到提升的，这是单纯的语言训练所达不到的效果。这就要求教师在设计教学活动时要事先设定好交际语境和项目，让学生围绕语言任务进行学习，并在这个过程中掌握解释、表达、沟通和交流等技能，这样才能高效完成语言教学的任务❶。

任务型学习中的核心内容就是任务。它将学习过程看成一个完成相关学习目标和任务的过程，对语言的习得不再局限于采用语言训练这一个手段。任务型教学的出发点是教学任务，并围绕这个中心展开课程设计和教学组织，将每一个教学单元设置成一个教学任务，其目标就是循序渐进地完成这些教学任务。在这种教学方式中，每一个任务代表了一个相对独立的教学单元，并形成一个以教学任务为中心的教学体系，以确保教学任务完成的效率和效果。当然这个教学任务并非独立存在或者随意的课外教学任务，而是组成教学系统或者教学课程的一个重要部分。

（二）任务型教学法的目标

1. 语言运用目标

任务型教学法的基本目标之一就是能够通过学习，让学生掌握一定的综合运用语言的能力。其具体来说又包括以下三个层次。

（1）准确度。即对语言的使用要按照规范和标准的要求，掌握基本的语言规则。语言的不规范使用会导致沟通出现误解等情况，长期如此还会形成一种固化思维，想要纠正也是有较大难度的。大部分倡导任务型语言教学的专家都认为，在进行该类教学过程中，第一要把握的就是语言和语法的准确性，对语法形式进行侧重，以达到帮助学生规范使用语言、准

---

❶　陈永贵. 中等职业学校面向对象的分层教学改革方式探析 [J]. 中国职业技术教育，2017（20）：17-19.

确进行语言沟通的目的。

（2）流利性。任何语言教学的目标之一都是可以进行流利、顺畅的沟通和交流。任务型语言教学也不例外，也是以提高学生的语言流利程度为教学要务的。若是在实际的交往中，语言流利程度达不到一定的水平，那么将会造成别人不愿与之沟通的后果。因此很多专家认为，人们学习语言并不单纯只是对单个单词和破碎的语言进行掌握，而是要有系统性、按类别短语和固定的表达方式等掌握语言。所以，任务型语言教学中更加注重对学生语段能力的提升，而不是仅仅以讲授单个的语法结构为目标。将组织好的短语和固定的表达方式传授给学生，可以让学生从整体上系统性地对掌握语言，这对他们的语言使用准确度和流利性都有非常重要的意义。

（3）复杂度。斯凯恩（Skehan）把复杂度又称为"重构"，他引用了麦克劳克林（Mc Laughlin）对于"重构"的定义，即重构是使中介语言系统更复杂，更精细，体系更完整的过程。之所以重视复杂度，是因为它可以使语言使用者在交际时更有效地表达，减少词不达意或由于不能准确地表达意思而采取迂回的表达方法。在任务型教学中，要促进学生复杂度的发展，需要让学生有重构的机会。其中一个方面就是要为学生提供使自己的语言系统更为复杂的机会，也要有使语言中介系统更为复杂的发展机会，而这正是任务型语言倡导者认为任务可以起到的作用。

2. 素质教育目标

任务型语言教学不仅倡导从语言教学的角度来认识任务的作用，还从人的发展与人的培养方面看待任务的作用。从本质上说，任务型语言教学是人文主义的教学理念。按照利尔特伍德（Littlewood）的观点，任务型语言教学有三个层次的任务：第一个层次只涉及交际，第二个层次涉及认知，第三个层次是人的全面发展。

具体来说，第一层次的任务是在指定的语言范围和场景中提高学生的实际交往能力。这一层次任务的特征是对问题的预定或者对功能的指定。这样对学生语言结构的要求就比较的单一。第二层次的任务相对于第一层次的任务来说其复杂性和挑战性会更强。它的任务不仅仅是提高学生的交往能力，同时还要求学生具备一定的信息组织能力、信息处理能力和信息认知策略。第三层次的任务除了包含前两个层次的要求之外，还需要增加学生的英语体验和经历，充分尊重学生的个性化发展。这就既要求其达到语言能力的提高，也具备教育目标的要求，如情感意识、文化态度以及个人交际能力和创造性思维的提升等。

二、任务型教学法的原则

任务型教学方法尚处于探索阶段，还没有形成系统的教学原则可供参考，对于教学理念、教学特征和教学原则等问题，不同的专家和学者有不同的意见和认识。以下就一般原则和任务设定原则阐释任务型教学方法。

（一）一般原则

1. 真实性原则

真实性原则体现在两个层面上。第一个层面体现在为学生设计学习任务时选择的语言需要具有真实性和明确性，这样才能让模拟的情境更加自然和真实，让学生可以有效掌握语言知识的应用。第二个层面体现在教师在选用语言材料时也要考虑其真实性，这样才能更好地联系学生的真实生活，有效提升学生的学习效率。

教师在制定教学任务时要以满足学生的实际交际需求为前提和基础。以实际需求为前提设置的情境能更好地控制学生的学习活动，帮助学生掌握实际交流中需要用到的语言知识和语言技巧。换言之，学生对语言的学习不能局限在某一个语法结构上，而要在掌握了语法的基础上实际运用各种语言技能，从而使自己具备实际交际的能力。

2. 互动性原则

实际交往中，互动性是其核心内容，对学习语言就是为了能灵活运用语言来达到交际的目的。而互动性是指两个人及两个以上的人进行思想的交换和情感的交流等一系列活动，并且通过这种交流，能让双方都得到一定的启示。费兹（Feez）认为，学生在参与活动与完成任务的过程中，是通过交际性和有目的的交互活动掌握语言的。

让语言可以自动生成是互动性最为显著的作用，这一作用的特点是很多专家和学者在对儿童获得第二语言能力的研究过程中所得出的结论。在各种语言项目的基础上进行加工和转换，使其可以自动生成的这个过程对于儿童来说是比较容易的能力，对语言形式则不需要特别的关怀。而与儿童有所区别的是，成年人想要获得这种转换能力却有一定的难度，他们过于强调语言项目，形成了一种分析型和控制型的学习模式。布朗指出：语言学习能力的获得需要经历一个从控制少量的语言形式转变到对语言形式进行无限加工的过程，而且在这个转变过程中，互动性有着不可取代的重要作用。学生之间可以通过互动性来完成对信息的理解和表达，而不再仅仅只是关注语言形式或者语法。如此一来，可以帮助学生突破语言的控制，在实际交流中使其能够灵活运用有限的语言知识，将真实的意义进行清晰表达。

除此以外，学生通过互动，还能有效地提高自己针对不同的情境进行不同语言表达的能力。在和其他人交流的过程中，能够灵活地停顿或者转换话题，以便更清晰准确地表达自己的思想和意见，并能恰当地打断不合时宜的谈话，而不至于引起别人的反感。

3. 过程性原则

不管是交际活动，还是交际能力的提升，都是一种过程，在这个过程中需要用到各种各样的知识技能，至于这些知识技能最终能否成为一种交际能力，则要看学生在过程中的转换能力。所以，任务型教学的过程性原则需要学生更多注重学习过程的重要性，让学生形成良好的过程习惯。这就决定了任务型教学的主要内容就是对任务的组织和开展，并在这个过程中培养学生的自主性和自觉性，积极感知和体验学习内容，从而模拟真实的学习语境，让学生可以对学习任务进行自主探索和体验，并掌握一定的运用规律，在用目的语进行实际交流的过程中获得语言内化和实际交流能力的提升。

4. 形式与意义相结合原则

朗（Long）认为，注意语言形式是任务型语言教学的主要原则之一，语言的意义与形式是学习的基础。斯凯恩（Skagen）在他提出的五个设计任务的原则时，反复强调既要注意语言的意义，也要注意语言的形式。他认为，如果仅仅让学生做任务，即使这些任务可以调动学生的积极性，那也是不够的。因为学生只完成任务而没有注意语言形式的机会，那么虽然学生可能完成一些任务，但是这些任务可能没有重点。而且如果只考虑交际和完成任务，学生可能会全靠交际策略和单个词语达到交际目的，而不去注意语法结构。可见，任务型语言教学十分强调语言形式与意义的紧密结合。任务的设计应注重语言形式和语言功能的结合，使学生在掌握语言形式的同时培养运用语言功能的能力。此外，由于每一段任务的设计都具有一定的导入性，学生在学习语言形式的基础上，可以通过系列任务的训练，自己进行推理和演绎，从而理解语言的功能，并在交际中真实运用。

5. 扶助原则

在师生关系中，教师是学生的引导者和帮助者。而这种引导主要有两个方面的体现，一是认知的需求，二是情感状态。以认知的方面来说，教师需要对学生已经具备的语言资源和背景知识进行引导和启示，让学生能够更加高效地完成学习任务。学习过程也是师生共建的一个过程。从情感的方面来说，任务型语言教学主要采取合作分组活动和合作学习的方式进行。这样能够激发学生的学习兴趣和热情，并让学生能有效地抑制挫折感带来的负面影响。

而在学生之间，也可以通过相互协助和合作来提高学习效率和效果。这主要是指学生的学习会受到个人经历的积极影响。学生的学习过程并非简单地生搬硬套，而是要在已有的经验背景和知识结构下进行新知识的获取和新经验的获得。所以，学生可以在特定的任务情境中学习和领悟目的语；此外还可以在学生之间开展经验背景和知识结构的交流活动，使自己的学习能力得到有效提升。

（二）任务设定原则

任务型教学法必然会涉及任务的设计，在任务设定过程中，应当遵循以下七个原则。

1. 相关性原则

任务的相关性原则主要体现在两个方面：一是学习任务设计中的相关性。教师在设计学习单元任务时，应注意由易到难，由简到繁，层层深入，形成由初级任务向高级任务以及高级任务涵盖初级任务的循环，保证教学阶梯式地层层递进。而学生的语言能力则通过每一项任务逐步得到发展。此外，任务的设计不仅要由易到难，还应从接受性任务向表达性任务过渡。如听和读的任务可先于写和说的任务，或先让学生模仿录音或教师的语言，再让学生将以前学习过并熟悉的语言与现时学习的语言重新组织，创造出新的组合。二是课堂语言学习与课外语言运用的相关性。将课堂学习与课外运用紧密联系可以缩小课堂与社会的距离，把学生作为社会的人，通过学习促进学生的社会化，也能够有效激发学生的内在动机。学习理论研究表明，内在动机更能促使学生积极投入学习中去。当学生发现所学内容与他们的实际生活紧密联系，可以马上用于应对生活中的交际问题时，他们的学习兴趣和积极性将被充分调动起来。

2. 明确性原则

教师在布置教学任务时应该明确教学目的要求和教学重难点。本次教学需要解决的问题以及在本次教学中学生应该掌握的知识，在教师制定任务前就应该明确。在任务的布置方面，教师需要有突破，不能浮于表面的创设任务情境。教师布置的任务要尽量具体、明确，要体现具体的内容，而不是宽泛的、抽象的框架。在布置任务时，要将布置任务的目的、如何完成任务、时间如何安排、具体的步骤是什么、学生完成任务的形式、如何进行协作等所有的细节都考虑在内。这样明确的任务不仅可以让教师做到有的放矢，更能让学生一目了然，使教育资源发挥到最大水平。

3. 实用性原则

设计任务最主要的目的就是有效果，一定要避免流于形式。布置教学任务就是为了完成教学。在实际操作过程中，设计者绝对不能为了完成设计任务而去设计，否则就违背了设计任务的初衷。为了达到预期的教学目的，教师要考虑到学生的个体活动时间和空间，在有限的条件下使学生的交流机会最大化。

4. 挑战性原则

自主学习主要是以学生为主导的自学，学习内容要适宜，不能过于简单，也不能过于困难。过于简单的学习内容会让学生觉得自己都掌握了，从而产生骄傲自满的错误心理，逐步丧失了学习的兴趣，同时也会产生不正确的学习态度。过于困难的任务也不合适，因为在学习过程中，学生的自信心会因为完不成任务而有挫败感，进而产生畏难心理。所以，设定学习任务并不是一件容易的事情，首先要了解学生的实际情况，在学生能完成的情况下使之更具挑战性，调动学生的学习积极性和能动性，同时给学生树立能学好的信心，让学生自己从"要我学"改变成为"我要学"并最终实现"要学好"。当学生完成挑战时，就会产生强烈的满足感和自豪感，进而会产生更加浓厚的学习兴趣，这是一个良性的循环过程。

5. 连贯性原则

连贯性指的不仅仅是任务之间的连贯，还包括在课堂上实施任务时的步骤和程序是否连贯、是否符合逻辑。任务型教学是指为了达到教学目标，教师设定一组或者一系列的任务，学生通过完成这些任务完成知识的学习。在教学课堂中偶尔加入一两个活动或者把许多没有关系的活动都堆在一个课堂中，这些都不是任务型教学。任务型教学的活动和活动之间都是有密切联系的，活动的内容都可以衔接起来，最重要的是，这些任务的目标都是一样的，就是完成相应的教学任务。

6. 趣味性原则

通过有趣的课堂交际活动有效地激发学生的学习动机，使他们主动参与学习，这是任务型教学法的优点之一。因此，在任务设计中，很重要的一点便是考虑任务的趣味性。机械的、重复的任务类型会使学生失去参与任务的兴趣，因而任务的形式应多样化。需要注意的是，任务的趣味性除了来自任务本身之外，还可来自多个方面，如多人的参与、多向的交流和互动，任务完成中的人际交往与情感交流以及解决问题中或完成任务后的兴奋感、成就感等。

7. 可操作性原则

在任务设计中，应考虑到它在课堂环境中的可操作性问题，应尽量避免那些环节过多、程序过于复杂的课堂任务。必要时，教师可以为学生提供任务履行或操作的模式。

三、任务型教学法的应用

（一）任务前阶段

任务前阶段包含两个部分：一是任务准备阶段，二是任务呈现阶段。任务前阶段的目的可以从两个方面讨论：第一，任务前阶段可以让学生了解自身已经掌握的知识资源，并且让学生拥有新的思维方式；第二，为了让学生先具备达成学习任务的语言和文化知识，使其在下一阶段能够完成任务，要使其从心底里开始主动学习。

1. 任务准备

作为任务参与的主体，学生需要在两个方面做准备：第一，学生需要准备获取、处理或表达的信息内容；第二，学生需要准备获取、处理或表达这些内容所需要的语言知识、技能或能力。在任务准备阶段，语言输入的真实性和任务的难度这两个问题需要引起足够的重视。语言输入的真实性是指教学材料中口头语言和书面语言的品质是否达到标准。英语课堂中使用的教材，其内容既具有自然环境下的真实性特点，同时为了满足课程标准的设定，也有仿制自然交际真实性的特点。而任务的难度是学习内容的难度、活动类型的难度和学生自身因素三者综合起来得出的结论。

2. 任务呈现

任务呈现是指教师在学习新语言之前向学生展示要求学生运用所学新语言完成的任务，即通常所说的任务介绍。此时，教师应当结合学生的生活或学习经验，并创设有主题的情境，以此激发他们的好奇心和学习动机。在这一阶段，教师所要做的是提供给学生与话题有关的环境以及思维的方向，并把所要学习的新知识与学生已有的知识结构建立某种联系，调动起学生的求知欲，使学生有说的强烈欲望，满怀兴奋和期待地开始新课的学习。在这一环节中，教师需要遵循先输入后输出的原则，也就是说，在学生激活了完成任务所必需的语言知识和语言技能后再导入任务，这样做不仅是为了学生学习的顺利进行，也是为下一个环节奠定基础。

（二）任务中阶段

任务中阶段是学生进行任务实施的阶段，学生的语言技能大部分都是在本阶段中学到的。教师选择的任务是否合理是本阶段的关键，因为选择的任务不管是太简单的还是太困难的，都不利于学生学习。在教学中出现的任务难度过高或过低状况都有弥补的方法。例如图标和图像的出现可以有效降低任务的难度，而增加学习内容的思维挑战和判断性人物则可以提高任务的难度。

任务实施的形式多种多样，结对子、小组形式、自由组合等都是不错的选择，甚至还可以让教师将任务分解，设计相关的任务链。其中最常见的还是小组活动，在进行小组活动时，要区分个人任务和小组任务，同时学生和教师的角色也需要进行转换。在小组活动时，教师的作用非常大，教师可以给学生适当、明确的指导，也可以作为小组的一员加入学生的小组活动。为了保证高质量地完成学习任务，教师需要对学生实施任务的情况进行监督，加入小组活动中是一个不错的选择。因为在这样的情况下，教师可以对学生实施任务的情况了如指掌，并且可以根据当时的情况对教学策略加以调整。

（三）任务后阶段

任务后阶段主要涉及任务的汇报和评价。学生在完成任务后，可以派出代表向全班报告任务完成情况，教师可以指定代表或者由小组成员推选。代表既可以由教师指定，也可以由小组推选，两种方式各有优点。当学生汇报任务完成情况时，教师不可以让其自由进展，在汇报过程中应该给予他们一定的指导和适当的帮助，力求学生汇报的准确、自然。

各个小组任务汇报完毕，教师应当与全班一起对任务做出评价，指出各组的优点与缺点，并评出最佳小组，让学生在完成任务之后，品尝到成功的喜悦，同时对自己的不足之处也有所认识。在评价过程中，教师不仅要对结果进行评价，还要引导学生如何正确、理智地评价自己和他人，帮助学生形成良好的评价思维方式。对于完成情况较好的小组，要给予精神鼓励或适当奖励。

总之，任务后阶段的意义在于它为学生提供了一个再做任务的机会，促进学生反思任务完成的过程并进一步关注语言的形式。

第三节　交际型教学法

一、交际型教学法的相关概念

（一）交际能力

交际型教学法的根本目的是培养学生的交际能力。因此，在阐释交际型教学法的含义之前，有必要先了解一下交际能力的有关知识。

1. 交际能力的含义

"交际能力"这一概念是由社会语言学家海姆斯（Hymes）针对乔姆斯基（Chomsky）的"语言能力"提出的。20世纪50年代以来，乔姆斯基提出了"语言能力"这一概念。乔姆斯基认为，语言能力既不是一种组织句子和理解句子的能力，也不是一种应付事物的能力，它是一种抽象的原则系统与知识提高。

2. 交际能力的组成

对于交际能力的组成部分，卡纳尔（Canale）和斯温（Swain）曾做了较为详细的阐述。他们认为，交际能力主要由四个部分组成，它们分别是语言能力、社会语言能力、语篇能力以及策略能力。

（1）语言能力。也称语法能力。语法即语言本身的相关知识。学生只有在掌握了词汇、句法等方面的基本知识之后，才有可能进行有意义的表达。

（2）社会语言能力。社会语言能力要求学生了解关于目标语的社会文化知识，以帮助他们在交际过程中进行适当的话语表达，并知道如何询问对方及如何运用非语言交际手段等，以达到交际目的。

（3）语篇能力。在语言交际过程中，无论是语言的输入还是输出，都要求交际者具备感知和处理语篇的能力，以便对先前听到或读到的句子或句群进行意义解码，形成意义表征。

（4）策略能力。策略能力又称应变能力。当学生在语法能力、社会语言能力和语篇能力方面的知识不够全面时，策略能力可以加以弥补。

（二）交际型教学法的和含义与特征

1. 交际型教学法的含义

交际型教学法又称为功能法或意念法，它是 20 世纪 70 年代根据语言学家海姆斯和韩礼德（Halliday）的理论形成的，是全世界影响较大的外语教学法流派。

交际教学法是以社会语言学理论、心理语言学理论为基础，以交际功能为大纲，以交际能力培养为目标的教学法体系。它以培养学生的语言交际能力为目标，强调交际过程，如在不同的场合下恰当地使用语言，运用语言执行各项任务，如解决难题、获得信息、人际交往等。在交际型教学模式中，教师和学生的注意力应当放在怎样利用语言作为介质以实现交际目的、完成交际任务上，而不是只关注所述句子的结构是否完全正确。总之，交际型教学法将语言的结构与功能结合起来，要求教师不仅培养学生听、说、读、写等方面的语言技能，还要教会学生如何将这些语言技能灵活地运用到英语交际中去。

2. 交际型教学法的特征

交际型教学方法有以下三个主要特征。

（1）在交际型教学法当中，学生是教学过程的主体，学生在学习方面的实际需求是教学的主要目标，在教学活动中始终要将学生作为主体和核心，学生在教学过程中扮演着主要角色，他们会全程积极参与到教学活动中来。这种教学方法所选择的教学内容也与学生的实际学习需要相符合，能够充分调动起学生的学习积极性与主动性，使其不仅有"学"的行为，而且能够真正掌握所学的内容。

（2）交际型教学法的主要教学目标就是培养和提高学生的交际能力，所以其不会过多地关注语言的机构是否准确，强调的主要是学生的语言沟通能力，还有对语言的理解和表达能力。交际型教学法关注的重点不仅仅是实际的教学，而且还有对于学习主体以及学习过程的研究。

（3）将交际化的元素融入教学过程中。学习英语要与实际的交际相符，交际活动通常都具有三个特点：一是信息差；二是选择，也就是在进行交际时，说话的人可以自行选择说出什么事，按照什么方法来说；三是反馈，也就是指说话的人根据听众的反应以及是否接收到了相关信息来辨别自己说话的目的是否已经达成。

二、交际型教学法的原则

交际型教学法的目的是培养并提高学生运用语言进行交际的能力，这与单纯的语言能力是不同的。在利用交际型教学法进行教学的过程中，要体现如下几个原则。

（一）交际中心原则

交际型教学法有一个首要的原则，那就是交际中心原则。英语课堂上所开展的交际活动主要有两种：一种是直接交际。这种交际活动指的是教师要求学生回答问题或是直接提问学生。另一种是间接交际。这实际上并不是严格意义上的交际活动，而是为交际活动提供服务，促成交际任务完成的一种活动。在课堂教学正式开始前，教师可以将与本堂课相关的话题及内容提供给学生，让学生预习并思考，提前熟悉相关词汇及句子，提前练习。可以看出，这种准备活动是为正式的课堂教学服务的，其作用是令课堂气氛更加活跃，调动起学生对于课堂教学内容的兴趣。交际中心原则指的是教师在课内、课外开展的所有教学活动都围绕着交际这一核心目的展开。

（二）以学生为中心原则

在传统的教学模式下，英语课堂上唯一的中心是教师，教学活动的关注重点也是教课，而不是学习，这就造成了教师的教学活动与学生的学习行为相脱离。在课堂上，教师首先要解释课堂教学内容，其次安排学生朗读课文，背诵其中涉及的单词，然后让学生模仿句型进行练习，最后教师批改学生的作业。课堂上的发言权基本被教师把控，学生只能扮演配角，去配合教师的教学活动，没有足够的机会将所学到的语言用于实践。这种教学模式存在的弊端就是违背了英语学习的自然规律，对学生这个主要因素选择了忽视。随着英语教学改革的不断深入，这一问题得到了各方的关注，越来越多的人开始意识到英语教学应该当把学生作为教学的中心，教学活动应当回归到学生这个主体上来。

"交际"是交际型教学法强调的主要内容，它看重的是对学生交际能力的培养和增强，教学活动的核心和重点是学生，教师应当积极引导学生主动参与到教学实践活动中来。也就是说，教师需要在这种教学方式下承担起两个任务：一是组织学生共同将课堂氛围营造得更加轻松与和谐，使课堂成为语言实践的有益场所；二是将学生在学习方面的能动性充分调动起来，在学习的各种环节中增强学生自主学习的能力，主动思考、主动发现问题，主动解决所遇到的问题。

交际教学法与传统教学法有着明显的区别，那就是将学生作为教学活动的中心，这一点不仅体现在学生这一教学主体角色上的变化，而且在对教材的内容做出选择时也体现出了这一原则。这些变化给英语教师带来了机遇，同时也带来了挑战，这要求教师群体必须详细了解学生的学习需求，掌握学生学习的动机，针对学生的实际学习需要对教材和教学方法做出选择。教师还可以将一些有益的资料推荐给学生。

（三）以任务为指向原则

在教学过程中，教师应当给予学生充分的机会进行语言的实践，这样他们就能够直接接触到真实的语言交际，只有在实践中加以运用，才能真正学好语言。交际型教学的重点任务并不仅仅是对语言的单纯学习，语言也不应当被孤立地作为一门学科来传授。教师应当将语言教学同其他学科的学习结合起来进行，在其他学科的学习过程中将语言作为一种工具。交际与任务是两个不可分割的要素，其中的核心是任务。教师要组织学生更多地在真实的情境中开展语言的交流，这样才能充分调动起学生学习语言的积极性和主动性。学生在完成任务时能够令语言能力潜移默化地得到锻炼。将任务作为语言学习的一种辅助，也能够让学生摆脱传统固定呆板的教学模式，他们可以参与到形式丰富的任务和课外活动中来，比如参加英语辩论赛、进行英语演讲，表演英语歌曲等，通过参与这些活动提升其驾驭语言的能力。

（四）重视真实性原则

真实性是指教师在进行英语教学时所使用的教材以及大纲的本质，必须要使用原文的作品，让学生接触的语言不能被人为加工。交际型教学法注重的是让学生在一种真实的情境下学习语言、使用语言。以期提高学生使用语言的实际能力。

所谓真实性主要指的是：

（1）真实的语言氛围要由师生来共同创造，教师讲授课程，并与学生进行交流，学生之间也需要使用真实的语言进行交流，如果仅针对一些句型或是语法进行刻意的训练则难以达到预期的效果。

（2）交际型教学的基础是交际活动。教师应当在课堂上尽力营造出与现实交际类似的情景。

（3）学生在学习语言的过程中应当努力使用真实的语言，而且所使用的语言还应当具有不可预见性，并富有创造性，也就是要使用多种多样的语言，不能为了展示自己所掌握的语言程度而刻意使用某些语言。同时，学生在进行语言训练时，要将自己与所扮演的角色以及场景融为一体，建立起他们对于交际的期待与愿望。

交际型教学方式要秉持着任务性以及真实性这两个原则，在课堂上教师可以将多样化的任务交付给学生。比如可以安排学生就一些事情、一些人物表达自己的意见，与其他同伴展开讲座；引导学生阅读不同题材的英文作品。要让学生主动接触不同的阅读材料，满足他们与他人开展交际活动的需求和愿望。

（五）容忍错误原则

交际型教学法还有一个非常重要的特征，那就是对错误采取容忍的态度，也就是说要求教师面对学生在学习过程中所出现的一些错误要有包容之心和宽容的态度。其原因在于交际法的主要目的就是将语言使用者的意思传达清楚，实现交际的目的，所以，如果学生能够将自己的意思表达清楚，即便在语法使用上出现一些微细的错误，教师也不用刻意强调和纠正。在学习语言的过程中，出现一些错误是正常的，也是普遍的。因为即便是以英语作为母语的人们也会在语言交流中出现一些错误，这对正常的交际并不会产生过多的影响。而如果教师当场对学生的错误进行指责，会打乱他们的思路，也会令他们使用语言进行交流的自信心受到打击，甚至引起他们对于语言学习的排斥感，对学习产生畏难情绪。

当然，教师容忍错误也并不意味着可以对学生所犯的错误充耳不闻、视而不见或放任自流，只不过纠正错误的时间与方式要灵活。例如对于学生口语当中出现的错误，虽然教师不必当场指出，但可以在学生讲完之后再挑出明显的错误及时给予纠正。而对于学生的书面错误，既可以由教师对错误之处进行标记，然后由学生自己修正并巩固，也可以让学生互相交流，互相纠正。这些纠正学生错误的方式能够有效集中学生的精力巩固相关知识点，比教师直接告诉学生正确答案的做法更为有效。

（六）注重整体性原则

学习语言的最终目的是使用语言进行交际。语言能力包括两个方面：一是对语言的接收性能力，二是对语言的产生性能力。所以教师要把语言教学进行综合性掌控。将英语学习中的听力、口语、阅读、写作、翻译等基本能力同他们的实际交际能力有机结合在一起。也就是说，不管学习什么课程，都要让他们进行听力训练、口语训练、阅读训练以及写作训练，在此基础上，再根据实际需要对某种能力所有侧重。另外，教师不仅要将培养学生的语言交际能力作为教学的重点，同时也不能忽视对学生非语言交际能力的培养。

（七）信息互补原则

学生在进入课堂开始学习之前，都已经储备了一些相关的知识与经验，他们所积累的经验中有些是存有差异的，有些是共同的。在交际型教学中，这些共性与差异性都是非常重要的。其中有一个相关的概念叫做"信息差"，指开展交流的双方所占有的信息量是不对等的，正因为这种不对等，交流的双方才会产生语言交流方面的动力。人们需要进行相互之间的交流，其根本原因就是彼此之间存在着信息差，而通过交际会使得相互之间占有的信息得到互补，将这些信息差进一步缩小。

在英语教学中需要坚持信息互补的原则，也就是说在学生进行的交际活动中或语言训练过程中，要有信息差的存在，因为如果缺失了这种信息差，那么语言的训练只能是机械式的。比如在新学期的第一堂课上，教师通常都会安排一定的时间让学生作自我介绍，有时还会安排学生相互交流，介绍彼此的基本情况。这实际上就是一种交际活动，而且这种交际十分真实。其原因在于教师与学生、学生与学生之间始终存在着信息差，他们需要了解彼此，需要相互交流，此时就会自然而然地展开交际。但若师生或生生之间已经较为熟悉，教师再安排类似的问答内容，师生与生生间再开展上述问题的提问，就属于机械化的操练了，这是因为师生与生生之间已经不存在这种信息差，此种询问也失去了应有的意义。所以教师在开展交际型教学活动时，所组织开展的学习活动要保持一定的信息差，这样才能达到真实的效果，也才能够真正调动学生学习语言的热情。

三、交际型教学法的应用

（一）交际活动设计

为了让学生将所学更好地应用于社会生活，在校期间可以很好地培养和锻炼学生的交际能力，这就是交际型教学法的主要目的，继而在课堂环境中要创造和设计不同的交际活动，学生在这样互动活动操作性强的指导下使用目标语，才能更好地实现交际目的，活动设计方案可以从以下两个方面进行：一是功能交际活动，二是社会交往活动。此外还将延伸几种社会交往活动设计。

1. 功能交际活动设计

在交际型教学法的课堂环境中，为了能让学生尽可能依靠已经建立的目标语知识体系实现有效交际，教师应设计以强调语言功能为主的交际活动，如以下几类能解决问题或交换信息等具有功能交际特征的活动：

（1）猜词活动。具体做法是：教师点名一学生上台，面向全班，再点名另一学生上台将某一刚学的、大多数学生熟悉的单词在黑板上写出来，教师让全班学生各自用英语解释黑板上的单词，最后看第一位上台的学生是否能猜出这个单词的拼法和意义。这对学生是否能够掌握并灵活运用句子本身的要求比较高，但同时也是培养学生交际能力的起点，由此可见，教师通过这种猜词活动或类似的任务活动能够高效地训练学生的口语。

（2）描述活动。描述活动是指学生在教师的指导下描述具体事物或事件，可以是家庭生活、校园生活、所处的环境或曾经发生过的趣事等，通过这样的活动可以让学生学会合理运用段落形式和理解目标语。除此之外，还能锻炼学生的逻辑思维与组织能力，进而提高学生的交际水平。

（3）简短对话。交际能力的发展可以在简短对话中体现出来，如简单地讨论天气变化、议论赛事情况、分享度假心情等各种话题。社交氛围往往依靠这些简短的对话来维持，它是互通情感的一种方式，其交谈对象没有固定性，比较随意，话题也可以随着心情或者发生的事任意切换，交往能力的发展也会有所提高。

2. 社会交往活动设计

利特尔伍德（Littlewood）认为，为学生设计的交际活动既应具有功能特征，也应具有社会特征。衡量一种交际是否成功的标准不仅依赖于语言表达功能的有效性，还要看所选择的语言形式的得体性和可接受程度。也就是说，如果课堂上的交际活动接近课堂以外的现实社会交往活动，语言就既有功能性，又是一种社会行为方式。而由于课堂环节的局限性，模仿、角色扮演等便是教师用来创建更加多样化社会语境、反映更加多样化社会关系的重要技巧。教师对社会交往活动的设计既可以基于学生熟悉的场景或事件，如家庭、学校、与朋友会面等；也可以是学生不太熟悉但将来可能会遇到的事件，如预订旅馆房间等。总之，活动的设计可以从简单的交际事件延伸到复杂的交际事件。

3. 社会交往活动设计的延伸

社会交往活动设计的延伸即除功能交际活动和社会交往活动之外，延伸一些其他方式，帮助学生掌握词汇、语法、句子等方面的语言知识，构建更加真实的学习情境，同时发展社会交往方面的技能。下面是两种可以尝试的方式。

（1）策略式交往。学生按事先设定好的故事情节表演，为了让学生能够灵活表达各自扮演的角色特色，教师在此过程中可以临时有意地增加新的信息或改变故事情节，让学生随机发挥，这主要也是考验学生的听力敏感性和视觉警觉性，使其更加贴近现实交际活动。

①听力活动。听力活动训练能更好地促进学生的语言输出，其具体做法是：教师把学生分成几个小组，给每个小组各自发放一段由完整故事分

段处理好的录音，每个小组听完后，教师再发给每组与其故事情节相对应的理解题，学生对故事情节加以讨论了解后，提问其他小组成员，并且回答对方提出的问题。

②视觉活动。教师将某一电影或视频播放给学生，结束后可组织学生对其中的内容展开讨论或发表感想。这种视觉性题材带来的直观感受更容易调动学生学习的积极性和主动性，也可以更迅速地帮助学生了解最新、最真实的语料信息，而不再是枯燥乏味的学习。

（2）社会戏剧。社会戏剧能够有效培养学生社会交往活动能力。由教师组织开展模拟社会交往活动，其设计过程主要有以下十个方面：

①准备活动，教师需要向学生讲明活动的主要内容，让学生做好充分准备；②展示新词汇，在活动准备过程中，教师应将重点要学的词汇或短语向学生展示出来；③展示要解决的问题，即教师以讲故事的方式向学生介绍交际活动的背景知识，并将其注意力集中在强调要解决的问题上；④讨论故事发生的语境及在学生中确定相应的角色；⑤指定观众，没有参与角色扮演的学生也应当分配不同的学习任务；⑥表演，学生应当学会自己了解所扮演角色的特点，再进行表演；⑦新一轮的角色扮演，学生针对故事发生的语境进行讨论，再扮演新一轮的角色，从中发现新问题并解决；⑧重新表演，学生重新表演上一轮出现的新问题如何被解决；⑨总结，教师引导学生进行此次活动的总结工作；⑩后续活动，这场活动之后，教师可以组织学生继续讨论，或者通过书面练习、阅读练习等来加深记忆。

（二）交际能力评价

在设计完交际活动并由学生实践之后，便要对学生的交际能力进行评价。教师所设计的交际活动兼具功能特征与社会特征，相应地，对学生交际能力的评价也涉及功能因素与社会因素两个方面。当然，对功能与社会两种因素的评价不是截然分开的，而是统一地融入对学生总体交际能力的评价中。

1. 对约定俗成习俗掌握的评价

任何一种语言都有其存在的一些约定俗成的语言形式和用法，在教学过程中，应当向学生强调在懂得合理语法规则的同时了解这些常见的语境用法，这样才能避免在交际过程中出现与之相悖的处境，令气氛尴尬。

2. 对运用目标语得体性的评价

目标语的得体性主要指的是目标语的运用应在文化背景知识确定掌握的情境下进行，比如有的时候被认为是个人隐私的话题可能在另一种文化中允许被公开表达，有的时候人们看来常见的话题却不被外人接受，了解其中的差异性才能确保目标语得体到位。

3. 对文化背景知识掌握的评价

一个学生的交际能力的评判标准之一在于对目标语文化背景知识的掌握程度，注重语言的社会文化习俗的探究，让学生对目标语的表达更加合理，这也反映了学生是否能将掌握的语言正确应用在交际过程中。

交际活动中产生的一些文化误解极有可能引发本族语者的负面情绪，因此教师在考查和评价学生对文化背景知识的掌握时，可将这类交际场景呈现给学生，由学生自行判断并指出问题所在，像这样循序渐近地引导并启发学生在目标语境中灵活运用社会交往知识和技巧，也是对学生是否掌握该文化规则的最好测评。此外，比较母语文化与目标语文化之间的异同点，不仅巩固了学生对母语文化的掌握，还有利于构建健康多元化语言形态的平衡，促进学生的交际水准。

总的来说，三个方面之间的评价互相依托，密不可分，学生掌握这三个方面的知识及其中的关系可不断提高自身语言文化水平，它是交际能力中不可缺少的核心部分，也成为教师们在教学过程中不可忽视的重点。

第四节　互动型教学法

一、互动型教学法的含义

以应试为导向、以死记硬背等方式加强对句型和词汇的掌握，这一学习方式导致学生的实际学习效果集中于应试化的语言学习，缺乏语言学习中实际应当掌握的实际应用等交际能力。这类偏离主旨的学习手段直观地体现在"费时高收效低"及"高分值低能力"两种核心问题上。因此，直击这一弊端的"互动教学方法"备受推崇。

不同于传统教学中过分强调以教师为主导的填鸭式教学法和崇尚纯粹进行自由发挥的纯自主型教学法，互动型教学法寻求在二者之间的平衡。在具体操作方式上，通过发挥教师与学生双方的自主能动性，建立着重交流、相互学习、观摩体验、互相增益的学习模式，使学习的学习效果与教师的教学能力实现双提升。

语言学习的本质目标和核心价值在于通过训练培养学生的语言素养，解决实际的应用问题和建立正确的技能方法和学习习惯。互动型教学法正是基于这一特点进行的综合性提升，既注重和遵循语言学习的自然规律，又能融入我国现代英语的学习目标，构建全方位立体化的语言学习系统。

互动型教学法充分体现了学生为主体、教师为主导的双向教学原则。具体来说，它既要求学生在教师的组织下按照教学计划的要求进行系统的语言学习，也要求教师按学生的要求进行有针对性的教学。在这里，教师从传统的知识的权威者与传授者转变为课堂教学及活动的设计者、组织者甚至参与者。而学生则从传统的被动的知识接收者转变为课堂活动的参与者和合作者。这样，不仅充分激发和调动了学生学习的积极性，培养了学生的动脑与动手能力，还有利于教学相长，促进教师不断充实自身的专业知识，努力提高自身的文化水平及教学技能，不断改进教学方法。同时，互动型教学法还有助于促进教师与学生之间的沟通，使教师及时了解学生在学习过程中存在的问题及要求，以便因材施教，提高教学效率。总之，互动型教学法符合语言本身的交际功能，也符合新时期英语教学法的要求，对有效培养学生灵活运用语言的能力十分有益。

二、互动型教学法的原则

在互动型教学法中，教学活动的设计必须始终遵循一个根本原则，即必须符合有意义的、创造性的语言操练活动，因为只有这样才能使英语教学过程从"教"转为"学"。也就是说，教师在设计教学活动时，必须谨记一点，即互动活动的内容应当有助于激发学生活动参与的内在动机，使他们体会到活动参与的趣味性和挑战性。具体来说，互动型教学法必须遵循以下三个原则。

（一）互动性原则

"互动"为教学法的首要原则。通过互动的过程，可以实现两个及两个以上的独立个体的自由交流，以达到思想碰撞的目的。在交流的过程中，通过观点的互通，以交际原则为核心，可以促进双方语言素养的提升。在互动的过程中，学生作为知识吸纳和知识探究的主要角色，可以通过基础知识的学习搭建完整的结构体系，并通过每一次交流学习逐渐将已有体系完善，真正实现将外化的知识点通过实践进行内化。同时，为了更好地实现这一交流，真正满足学习需求，学生应率先进行一定程度的知识储备。

良好的学习氛围和互动过程是双方共同努力、一起实现的结果。具体而言，学生作为语言学习的需求主体，教师作为教授知识和构建交流环境的主要角色，二者均是学习行为的核心参与者。从教师的角度而言，教授知识目标固然是教学行为的重中之重，但是在实现手段上，应当尽力寻求趣味化、轻松化的学习模式。既可以通过小组交流或全班参与等方式加强双方的交流，也可以通过游戏化或表演、编排等有趣的互动形式展开学习，从而激发学生的学习兴趣和自主能动性，营造开放式学习、主动式学习的良好习惯。

（二）兴趣原则

在教学活动的设计中，教师应当遵循兴趣学习和实践学习的规律，通过积极发展动手实践，促进学生的交流互动和激发学生的思考积极性，以达到互动教学的目的。兴趣爱好是语言学习的助益，通过充分了解学生的心理特点和兴趣话题，可以更好地实现积极交流的目的，将学习目标融入开放式探索和日常的话题讨论中，令学生可以融入其中，更加积极地参与学习和活动。

（三）综合性原则

综合性原则也是互动型教学法的重要原则。这里的综合性主要体现在四个方面：教学法的综合、语言技能的综合、语言文化的综合以及课内与课外的综合。其中，语言技能的综合是发展学生听、书、读、写等各项基本技能的综合，这也是英语互动型教学的根本出发点。这四项基本技能之间既相互依存，又相互独立；既相互作用，又互相对立。而互动型教学就是要促进学生各种能力的综合与全面发展。事实上，在英语教学中，无论是专业的综合英语课，还是非专业的英语课，甚至是英语的单项技能课，都必须体现出语言技能的综合性原则。

三、互动型教学法的条件

实施互动式教学法的核心目标是通过互动的过程，充分调动学生作为语言学习主体的自主性和能动性。从而真正实现语言教学的素质化，增强语言学习的实际意义。同时，为了更好地实现互动教学的形式，发展自由和实用的学习手段，互动式教学法的实施也需要一定的条件。

（一）教师方面

（1）从教师的角度而言，第一个关键点在于教授知识时的视角变化，由知识的传授者转为学习过程的组织和监督者。教师作为知识结构的传播载体，不再单一采取传统的、模板化的、一成不变的教学形式，而要结合学生的实际学习情况，因材施教地指导学生的语言学习。脱离了从属结构关系的学生，也能够更快速地进行自发式的学习，摆脱被动学习的误区。

（2）为能更好地实现自发式的学习行为，提高学习的自主效能，进一步激发强烈的学习动机，要求教师不断提升自身的软技术和硬实力。通过前期的学习和准备，充分了解学生的兴趣爱好和学习需求，适时适度地加以点拨，引发学生的自主学习行为。为实现轻松的氛围、强化实际学习效果和知识记忆水平，教师还可适当融入一些具有幽默性的课堂元素。应当加以留意的关键点是，幽默元素应当起到画龙点睛的作用，在保证知识主线的基础上，对课堂效果加以润色，而不应成为学习行为的主体。因此在具体实现中应当控制好运用的时间点和频次。

（3）在进行互动式教学法的过程中，由于学生是学习行为的主体，其能动性和主动学习的知识层面均得到进一步提升。这就要求教师进行知识积累，知识结构更加全面，以应对学生可能提出的课外问题，更好地对学生的知识学习进行科学的指导，满足他们实际的学习需求，扫清关键的知识盲点。在与学生的交流过程中，由于不同年龄阶段、不同生活环境、不同学习风格的学生存在着知识学习的不同倾向和方法差异，作为知识的教授者，教师应当具备一定程度的心理学知识，从而更好地把握学生学习需求和心理状态，更好地激发学生主观能动性，增进学习效果。

（4）实现有效互动的另一关键是选择难度合宜、内容丰富、体系完整的教材。这应当充分结合学生的学习水平和实际的学习特点。此外，难度过高的教材会令学生丧失学习的信心，难度过低的教材又容易使学生感到乏味，因此，教材难度应当控制在略高于学生现有水平的程度，这样更有利于创设一些可以增进交流的知识点，增强师生双方的互动，以达成交流学习的目标。

除此之外，教材的内容结构要体系完整、逻辑严密。知识系统的排布应当由浅入深、环环相扣。在讲解的过程中，应当遵循规范化的思路和步骤，方便学生进行自主知识探索。当前处在信息高度发达、知识获取渠道极为丰富的时代，因此，增进学生的课外知识、拓宽学习视野和提供丰富素材也成为衡量教材质量的标杆。优质的教材不但能够提高学生解决问题的能力，还能逐步培养学生的自主学习意识，拓宽他们的视野，进而实现规范化的学习目标。

（二）学生方面

（1）将教材中的内容尽可能地进行延展，尽可能实现辅助教学的目的是教材存在的重要意义。学生使用教材可以进行课前预习准备、课中参与互动和课后巩固辅导。因此，为实现这几个阶段的不同目标，要做到由浅入深、难易梯进；知识清晰，结构体系清晰。以大学英语教材的编写原则为例，其综合性、实践性和通俗性的特点正是为满足这样的学习需求而存在的。

（2）互动性教学方法的侧重点在于培养学生的实际运用能力和语言交流能力。这不仅仅是知识要点的掌握，更要注重实践型学习和综合素养的提升。互动性教学法的基础在于大胆交流、强化学习，鼓励学生通过小组等形式进行组间交流和比赛，在不断练习中相互支持，培养优质的语言环境，进而能够大胆练习，养成勇于交流、勤于实践的学习习惯。

（3）善于总结经验。善于主动学习的学生一般都有一套适合自己的学习方法，包括记忆单词、弄清语法规则、学习课文、交际会话等。对中等职业的学生来说，其要达到的英语水平包括多方面，例如能借助词典看懂与专业有关的英语资料，能写简单的应用文和记叙文，能就日常常用专题进行交际，要有一定的修辞知识，会写简短的议论文等。对于这些具体要求，学生不一定都知道，但是有经验的学生会自觉将这些要求安排进每日的学习中，例如每天平均背多少个单词，或熟悉多少课文才算完成任务。因此，每个学生都应当不断地检查或检验英语知识量，并总结经验和教训，不断取得进步。

四、互动型教学法的应用

在教学过程中，为了使教学计划能够更好地完成，达到教学目的，教师往往会和学生进行积极主动的双向交流，这就是互动型教学。学生能够通过这种教学方法得到充分锻炼，学习兴趣得到提高，进而更加主动地参与到学习当中。学生的能动性和主动性能够在互动型课堂中被提高，从而提高学习效率。互动型教学法中常用的教学方式有：问答式、答问式、讨论式等。这些教学方式都有自己的适用范围和自身特点，教师应当根据情况进行教学方式的选择，灵活运用。

（一）问答式

教师应在课程进行之前设计好课程中需要向学生提出的问题，这些问题要根据教学内容和教学计划设置，由学生解答，教师可以通过学生的解答了解学生掌握知识的程度，使学生能够拥有更高的解决问题能力和知识分析能力。教师一定要设计难度适中、形式多样的问题，在课堂中有针对性地提问。

在这种课程方式中，教师设计问题，学生需要对所学的知识进行认真预习和复习，全面地准备知识内容以应对教师的提问。这种教学方式要求教师准确掌握学生的学习状况，在课堂中有针对性地改进教学方法和教学内容，因材施教。这种教学方式可以使学生的自学能力和创新实践能力得到提高，学生的主动性能够被充分调动。需要注意的是，在课堂上教师不应当在学生回答错误时讽刺挖苦，贬低学生。不管学生回答的是否是标准答案，只要有道理，就应当给予肯定，多鼓励学生，促进学生创造性思维的养成。

（二）答问式

答问式与问答式是相反的两种形式，它需要学生充分预习，记下自己不理解的内容，上课向教师提问。这种教学方式常常在传授英语基础知识时采用，对于每节课的教学内容，教师需要做好规划，选好课堂需要的参考书让学生预习。另外，这种教学方式对教师的知识面要求也比较高，教师需要具有较高的口头表达能力和组织课堂的能力。答问式教学不仅仅可以由教师解答问题，学生也可以解答。

学生会针对不懂的问题提问，因此，教师能够在教学中把握教学的重点进行高效教学，学生的积极主动性也能得到提高。教师在解答学生的问题时，应当言简意赅，语言规范且生动，还要善于控制节奏，一定要在每一个问题上分配合适的时间。学生会在课堂中向教师提问，这是值得鼓励的行为，学生的提问积极程度可以作为成绩考核的依据。另外，考虑到教学进度的问题，学生不应当提问与课程无关的内容。

（三）讨论式

讨论式是教师在设计课程中设定学生需要讨论的题目和要求，学生通过教师给予的思路进行分组讨论。在讨论中常常会将题目设定为社会热点问题或者具有争议性的问题。与问答式和答问式不同，讨论式能够充分让教师融入学生的团体中。教师可以适当提出意见，但同时也要更多地尊重学生的意见，让学生自由发挥。教师会在讨论结束后收集各组的汇报进行总结，一方面要肯定讨论中合理的部分，另一方面还要将讨论中的不足指出来。这种教学方式能够促进教师对学生思想的了解，能够让学生更加关心社会，进而提高学生的写作能力和表达能力。

教师在使用这种方法时，需要注意三个方面：第一，教师应当设计能够引起学生兴趣的讨论题目，题目应当紧贴教学课程的内容；设计的题目难度要适中。第二，要提高每个学生的参与度，对学生多加鼓励，让学生发言，在学生发言后给予表扬，激发学生的讨论热情。第三，要把握、控制课程的进度和讨论的方向，防止学生在课堂讨论中偏离主题，导致讨论质量下降。

第五节 自主学习型教学法

一、自主学习型教学法概述

（一）自主学习的基础知识

1. 自主学习的含义

自主学习源于 20 世纪 60 年代关于学生终身学习技能和独立思考能力发展的争论。关于自主学习的定义，目前国内外教育界还没有一个统一的定义。例如霍莱克（Henry Holec）认为，自主学习是培养学生管理自己学习的能力，其中包括确立目标、自我监控和自我评价等。利特尔伍德（Littlewood）认为，自主学习意味着学生能够独立做出并实施影响他行动的选择的能力和意愿。所谓能力是指学生既要具备为自己的学习做出选择的知识，又要掌握实施这些选择的必备技能。而意愿是指学生要对自己的学习负责的动机和信心。本森（Ben Son）认为，自主学习是对自己的学习进行控制的能力，因为在不同层次的学习过程中对学习的控制会呈现出多种形式❶。

可以从两个方面讨论自主学习的含义，那就是广义和狭义。广义的自主学习是为了让学生能够从课堂中解放出来。狭义的自主学习是指提高学生的自主学习能力，教学生自主学习的技巧，帮助其学会自主学习。同时，在培训中教师要教会他们学习的策略，提高学生学习的能力。狭义的自主学习的目的是懂得如何学习语言。另外，广义的自主学习会为学生提供各种智力的工具，让学生不再依赖课堂，自己克服学习的障碍，其目的是培养学生的批判性思维，让学生的潜能能够被激发。狭义的自主学习强调学习策略的教学，这种学习策略能够激发学生的潜力。具体来说，自主学习的含义包括以下三个方面。

（1）自主学习是主导学习的一种内在机制，它包括学生的学习态度、学习能力、学习策略等因素。也就是说，它包括学生主导并控制自己学习的各种能力，如自主制定学习目标、自主监控学习过程、自主评价学习结果等方面的能力。

（2）自主学习是一种学教双方协同的学习模式。具体来说，学生在总体教学目标的宏观调控下，以教师的指导为基础，根据自身条件和需要制定并完成具体学习目标。

（3）自主学习是对教育环境的一个挑战。自主学习需要培养学生对自己的学习目标、学习内容、学习方法以及使用的学习材料的自主控制能力。换一个角度理解，就是教育机制给予学生的自主学习的空间，或者是对学生自由选择的宽容度。

2. 自主学习的意义

（1）对学生之间的差异充分尊重。每个学生在学习上都有自己的个性，

---

❶　沙原，徐颖 . 职业英语技能大赛与中职英语教学改革的有效对接 [J]. 职业技术教育，2018（8）：61-63.

都是独一无二的。这种个体差异造成的原因是人们不断探索的问题。学生产生个体的差异主要受先天和后天两大因素的影响。学生的先天因素很难改变，因此对先天的学习个性只能采取尊重的态度。教师可以提高他们的学习能力，因为如果想要学生将注意力放到自身学习的特点上，就一定要给予他们充分的学习空间和自主性，让他们自主学习。

（2）与当代英语教学的目标相符合。《英语课堂教学需求》中提出了中职的教学目标，即培养学生的综合英语应用能力，同时，有计划地提高学生的自主学习能力和文化素养，促进国际交流和经济发展。教育部对英语教学模式进行了改革以实现这一目标，传统教育的被动模式应该被取缔，主动的教学模式更加适合当今的教学。被动模式就是单纯的教师讲学生听，是一种知识灌输的教学方式，主动教学模式会运用到网络计算机和教学软件。在这种教学模式下需要培养学生的自主学习能力，教师要有意识地提高学生学习的主动性，让学生学会学习的技巧，能够学会自我管理，并且为自己的学习负责，长此以往，形成相应的学习习惯。可以看出，现代英语教学目标需要学生自主学习。

（3）适应信息化社会的发展需求。现代社会无疑是一个信息社会，信息量的急剧增加，信息更新周期和频率的加快，使得人们的意识也逐渐发生变化。对学生来说，只有不断进行自主学习，才有可能满足不断变化的社会对未来职业的要求。而仅凭在学校教育阶段所获得的知识和技能是不够的，为此，开始提倡终身教育。而终身教育的体系首先需要人们自主学习，即人们要培养自身独立于教师和课堂的自主学习能力。此外，自主学习并不仅仅意味着学习某些领域所需的知识和技能，它还意味着学会独立思考等，而这也是当今社会所必需的。

3. 自主学习的特征

（1）独立性。自主学习最重要的就是独立，自主学习的实质就是独立学习。它是自主学习的基础，在整个学习过程中学生始终处于主体地位，因此，不应当过分地对教师和他人进行依赖，应当进行独立自主的学习。

（2）能动性。既然在学习过程中学生是主体，那么自主学习的开展直接受到学生主观能动性和学习动机的影响。自主学习对学生的能动性具有十分高的要求，它是一种自觉主动的学习。学生需要学会自律和主动，在学习上拥有更加强烈的积极性。

（3）个体化。自主学习会对学生的学习不同步进行充分尊重，学生可以根据自身的学习情况和学习需求对学习目标进行设定，从而选择学习的内容。

（二）自主学习型教学法的含义

随着终身学习理念的推广，自主学习逐渐成为语言教育的理想目标，而学生自主学习能力的培养这一问题也引起了越来越多研究者的关注。因此，在英语教学中，出现了自主学习的新的教学模式。它是以学生为主体的学习模式，强调教师应该为学生提供和建立自主的学习环境，有意识地遵循系统而稳定的教学结构引导学生开展自主学习，帮助他们逐渐成长为自主学生。

自主学习教学法强调教师应根据自主学习的理念为学生创建支持性的学习环境，使学生之间形成良好的协作关系，学会自我管理和自我评价，最终成为自主学生。可见，有意识地为学生创设和谐、互助、自主的环境是自主学习教学模式的关键。

自主学习型教学尤其强调教师的角色转换，它要求教学应当以学生为中心，充分尊重学生个体的差异，围绕学生的需求开展各种教学活动。当然，在自主学习型教学的课堂上，教师的基本作用还是需要的。例如教师要控制教学过程、组织教学活动、制定教学内容等。不同的是教师还要帮助学生学会自主学习，同时教师又要参与学习、满足学生的需求、理解学生的感受，而不是仅仅当一个评判者。

二、自主学习型教学法的原则

（一）以学生为中心原则

以学生为中心原则是自主学习的核心。在学生学习的过程之中，学生在学习时间、学习方式、信息处理方式等方面应该能够自由选择。所以，以学生为中心原则是教师要牢牢记住的，同时教师应提供给学生良好的学习环境。需要说明的是，自主学习与完全自学是不同的，自主学习需要教师的指导才能完成，是有组织、有计划的。学生要根据课程的总体规划进行自我管理，在这一过程中教师要进行指导。监控学生的整个学习过程、评价学生的学习情况、制订与学生自身情况相适应的学习计划、制定教学目标等是教师的主要作用。

（二）为学生提供学习资源原则

教师在进行自主学习型教学的过程中，为了使自主学习顺利开展，要能够结合学校的自身特色成立英语自主学习中心。英语论坛、英语沙龙、英语学习讲座等都可以存在于自主学习中心之中。学生在自主学习中心可以结合自身情况制订学习计划，教师的主要工作就是有针对性地对学生进行指导，使学生的学习计划更加完善。

（三）培养学生策略意识原则

使学生能够使用策略指导自己学习，并且使教学效果得到提升，它是自主学习教学法的终极目标。要想学生能够正确处理学习中遇到的问题，就需要事先对学生进行元认知策略、认知策略等，系统性地学习策略训练，展示、训练、评价、拓展是策略培养必经的四个阶段，也是培养学生自主学习能力的重要手段。学生需要具备认知策略意识，才能够清晰理解和辨认社会语言提示，能够顺利地加工整合自己所学到的知识，以及正确地使用目标语系统对语言行为进行调节。由此可见，要想学生实现自主学习，一定要加强学生的策略意识培养。

（四）从外部监督到自主监控原则

学生要想实现自主学习，需要用自主学习型教学法进行引导，这是一个循序渐进的过程，在学习过程中要逐渐从外部监督转化为内部监督。教师监督是主要的外部监督，教师需要使用自我提问、小组学习、合作学习等方式实施对学生的监督。在互联网时代，教师对学生进行监督可以使用互联网。

三、自主学习型教学法的应用

学生能够对自己的学习行为进行管理就表明其具备了一定的自主学习能力，在自主学习型教学法中要培养学生的自主学习能力。在英语教学中使用自主学习型教学法，学生对于学习行为的管理控制是其主要内容，这主要包括三个方面，分别是自主计划、自主监控、自主评价。

（一）自主计划

学习前的准备阶段可以理解为自主计划阶段，在自主计划阶段，针对学习内容和学习行为教师要帮助学生做好准备工作。第一，根据学习材料中的标题，学生可以对学习内容进行预测。语篇的不同也会产生不同的信息组织方式，这一点一定要认识到，并且还要了解语篇的文化背景。第二，要确立学习目标，这一步对于学生对重要细节信息的理解是非常有帮助的。

语言准备和非语言准备这两方面工作要同时进行，二者彼此相融。例如在学生对于所学内容完全没有接触的时候，教师可以给学生一些短语、关键词等，帮助学生预测学习内容。图式就是大脑中相互关联的概念、知识。图式不仅是学习的基础，还是学习的成果，随着学习的进行，图式也不断完善。由于学生已经具备了一定的图式知识，所以教师提供的短语、关键词等要能够起到激活已有图式的作用。下面具体分析准备工作。

（1）组织计划。指的是对将要学习的内容进行预习，了解学习内容的大意以及一些重要概念，如对于将要学习的内容根据自身的储备知识进行预测。不仅如此，对于学习过程中要使用的学习策略也要了解，并且关于语言形式、语言功能、概要等内容也要做出相应的计划。

（2）集中注意。也就是在完成学习任务的过程中，学生要保持注意力，例如对于文章的关键信息要时刻保持关注、不受无关信息的干扰。

（3）选择注意。指的是对那些有利于完成学习任务的细节要加强注意，语言输入的某些方面也需要特别注意，例如语言标记、关键词等。

（4）自我管理。指的是要充分了解完成学习任务的条件，并且还要积极创造这些有利于学习任务完成的条件，要控制好自己的语言行为，对于目的语知识在现实中也要积极利用，例如在日常生活中把握好能够使用目的语言知识的机会。

（二）自主监控

自主监控主要包括自我监控和发现问题两个方面。

（1）自我监控。指的是学生在完成学习任务的过程之中对自己的语言理解和语言行为进行核查、确认或修正。主要包括听力监控、语体监控、理解监控、策略监控、输入监控等。例如在学生阅读过程中，教师要对其进行适度引导，让学生能够说出自己对内容的理解，培养学生良好的阅读习惯，提升自我监控能力。学生元认知水平如何可以通过自我监控能力反映出来。通过监控学习过程，可以得知预测是否符合现在的学习内容，了解自身使用的学习策略对于学习任务的完成是否有利，并且使自己的推理能力得到提升，从而更有效地监控自己的学习过程。

（2）发现问题。指在自我监控的基础之上，学生能够在学习过程中主动发现问题。这种自主监控方式是非常有用的，发现问题并且寻求解决方法能够提升学生的问题解决能力和语言运用能力，不仅如此，交际策略、听力策略、阅读策略等也会得到提升。例如学生可以通过讨论、听力理解、阅读等方式完成教师布置的学习任务，并且总结出规律性知识，提升学生分析归纳的策略能力。

（三）自主评价

自主评价指的是在完成学习活动之后，对学习任务的完成情况进行评价，这主要从知识掌握的准确性和完整性角度进行，找出自身的不足之处，并且提出解决措施，这一过程需要教师的指导。由此可见，自主评价有利于学生了解自身的学习情况，对学习内容进行巩固。在这一阶段，学生的目的是对自身知识掌握程度有清楚认识，发现问题并解决问题。具体而言，评价内容主要有学生的个体活动、学生与学生之间的合作以及以教师为主导的活动。对于学生的学习来说，自主评价有非常积极的促进作用，特别是学生在学习活动中遇到问题的时候，进行系统评价有利于其解决问题。

具体而言，自主评价主要包括：一是输出评价，指学习活动结束之后检查自己的学习任务是否已经完成。二是策略评价，指的是对在学习过程中使用策略的情况进行评判。三是能力评价，指对自身完成学习任务的能力进行评判。四是语言行为评价，指对任务完成过程中自身的表现进行评价。五是语言掌握评价，指的是对自己对于目标语的掌握程度进行评价。六是延伸活动，即对于所学到的新技能和新概念，学生有更多的机会揣摩并融入自身的知识体系之中，在今后的现实语境中得到应用。与此同时，在自主评价的过程中，学生自身的认知技能也会进一步提升，例如可以对学习行为的组成部分进行分析，对概念的新用法进行全新演绎等。

第三章 中等职业学校英语知识教学

作为交际工具的语言是由语音、词汇、语法这三大要素组成的。这三大要素在很大程度上决定了一个学习者在语言方面的发展。没有良好的语言基础知识，会给学生使用英语进行交际带来困难和障碍。因此本章重点论述对于中等职业学校英语知识教学很重要的英语语音、词汇以及语法教育教学。

第一节 英语语音教学

一、英语语音教学的目标与特征

（一）英语语音教学的目标

英语语音教学目标并不总是固定不变的，而是会随着英语教学的发展发生变化。对于英语语音教学的目标，人们的看法不尽相同。下面将介绍英语语音教学目标的变化以及我国目前的语音教学目标。

1. 英语语音教学目标的变化

20 世纪 60 年代前，英语学习者的语音学习目标是本族语发音，即要求将英语作为英语学习的学生发音，跟本族语人的发音一样。

后来，人们逐渐认识到，虽然个别学生经过努力可以像本族语的人那样讲英语，但是要做到这一点对大多数学生而言是不大现实的。于是，理解性原则成为外语界公认的英语音学习目标。随着国际化的发展，英语逐渐被越来越多国家和民族的人使用进行交流，英语成为国际语言。在人们使用英语进行交流的过程中，与人们的口语口音相比，相互理解显得更为重要，因为口音并不影响理解和交际，而且人们学习英语的目的是使用英语进行交流。

克拉特登斯基于年龄、语言能力、学习动机和学习外语的态度等因素对英语语音学习的影响，提出英语学习者目标可定在最低目标最小可理解性和最高目标高度可接受性这两个极端之间。最小可理解性指学习者掌握基本语音，可以顺利用英语交际；而高度可接受性指学习者接近本族语者语音水平。学生可以根据自己的理念、动机选择最低目标或者最高目标。在英语教学中，教师应该想方设法努力帮助学生发音准确、自然和流畅，但是当学生付出很大努力后仍达不到上述要求时，教师也不能勉强要求学生，教师切不可为了一味追求较好的教学质量而挫伤他们学习英语的积极性，而是要宽容对待学生的语音问题，考虑各个学生的个体差异，对不同的学生提出不同的要求❶。

20 世纪 90 年代以来，随着英语教学交际法的进一步发展，口语交际能力得到了越来越多人的重视，外语语音教学越来越重视语音在口语交际中的作用。

有人提出将语音教学纳入口语交际课程中，使之成为口语交际的一部分。口语交际课程包括两个侧重点：一是产出，即对音素、重音、语调和节奏的掌握，这是传统的语音观；二是表现，指整体理解性（让人听懂）和交际性（满足交际需求的能力）。

2. 我国英语语音教学的目标

随着我国英语教育的发展，我国学者也提出了各自对英语语音教学目标的不同看法。针对我国英语语音教学的实际情况，有人提出了对我国学生来说切实可行的英语语音教学目标，即"可行的目标一般指接近母语标准的或可理解的"。而有人认为现实的语音教学目标应该是流利自然的、

---

❶ 宁毅，查静，石芬芳. 移动网络环境下高职英语翻转课堂混合式教学模式创新与实践 [J]. 职业技术教育，2017.

可理解的、交际有效的语音语调。有人则另辟蹊径，具体地阐释了英语语音教学的目标，把英语语音教学应该达到的一般性目标演绎为学生应该获得的六种可以实际操作的能力：①听音、辨音和模仿的能力；②把单词的音、形、义联系起来迅速反应的能力；③按照读音规则把字母及字母组合与读音建立起联系的能力；④迅速拼读音标的能力；⑤把句子的读音和意义直接建立起联系从而达到通过有声语言交际的初步能力；⑥具有朗读文章和诗歌的能力。

我国学者则归纳了符合现实的英语语音教学目标，主要包括以下三个方面：一致性，即语音流畅、地道；易懂性，即他人容易听懂的语音；交际的有效性，即利用语音准确地传达自己的交际意图。

这三个方面是相互联系、相辅相成的，忽视任何一个方面都是效果欠佳的英语语音教学。学生既不可以只注重语音的正确，而忽视了语音的流畅和地道，也不应为了追求语音的流畅和地道而放弃语音的易懂性。因为，人们使用语言是为了沟通交流的，令人听不懂的语音对于交际者任何一方来说都是没有意义的，甚至会引起交际双方的不愉快。但是，在现实的交际过程中，具有一致性和易懂性并不能确保交际顺利进行，还需要注重交际的有效性。例如要求学生能够流畅而清晰地说"SOHT"并非难事，但是如果语调不准确，那么所表达的意义或许恰好相反。

总体而言，英语语音教学的目标是培养学生的语言交际能力，但是这个目标并不是一蹴而就，而是需要一个循序渐进的过程，这个过程有不同的阶段，不同的阶段有不同的语音教学目标。

随着学习阶段的发展，语音教学目标是不断变化的，语音学习目标也是不断变化的。随着学习的深入，由掌握语音知识向培养语音能力和运用语音达意的能力的方向发展，最终目标要求学生必须能够根据不同的语音特征判断说话者的会话含义以及根据自己的意图、情感和交际目的正确使用语音。

（二）英语语音教学的特征

语音是语言的基础，英语语音教学往往是整个英语教学的起点。对于英语学习者来说，学习英语语音往往也是学习英语的开始。下面，简单探讨英语语音的教学特征。

1. 基础性

语音是语言的基础，是语言的外壳，语言的表达首先是有声。语音与词汇、语法是英语的三大基本要素，三者关系密切。语音是学习单词的基础，没有良好的语音基础，就不能学好词汇，给英语学习带来极大的困难和障碍。语音也是听力的基础，如果无法掌握正确的语音语调，就无法听懂别人的话语，只有打好了语音这个最基本的而又十分重要的基础，才能为未来的英语学习奠定基础。因此语音是英语入门学习、继续学习和不断发展提高的基础。

2. 全面性

语音教学的全面性表现在语音知识的综合性上，语音知识包括音素、单词、拼读、重音、节奏、语调等。如果无法正确掌握字母读音，就难以正确地学习和掌握单词的拼读、拼写；如果不重视字母组合读音规则的学习，则难以迅速正确地拼读单词；如果没有学会使用句子的语调，则可能会因为错误的表达而造成与人沟通的误会。

3. 综合性

语音教学的综合性表现在语音不是单一音素的学习和训练，而是与语言的基本技能和知识有机结合在一起的，不可把它们分离开来。语音教学与词汇的学习及听、说、读、写等是有机联系、互相影响的。

语音与词汇学习有着直接的联系，特别是与词汇的读音、拼写有着直接的联系。而词汇的学习又是整个英语学习的关键。从理论上讲，词汇的构成包括语音、结构和意义三个部分。对于词汇的掌握和理解以对这三个部分的理解和吸收为前提。在词汇的教学过程中，如单词的读音、音节的划分、重音的位置等都与语音紧密联系。

语音与听力的学习也是紧密联系的。听是语言活动中最重要的组成部分。无论是听的内容还是听的方式，都离不开语音这一语言存在和发展的基础。当学习者掌握准确的发音规则系统和具体的音素发音时，才能理解所听到的内容并做出恰当的反应。由此可见，对语音的有效把握是听力有效实施的重要基础。

语音语调是口语的基础，语音语调学得怎么样，将直接影响学习者今后的口语能力。口语是一种输出性技能，是说话者用语音形式表达和传递信息，也是语言交际能力的具体体现。语言的交际能力通常包含语言能力、社会语言学能力、话语能力和交际策略四个方面的能力，其中的语言能力要求能理解和使用正确的语言形式，包括正确的发音和语言结构等。换句话说，正确的发音是语言能力的具体体现之一，脱离这一基础，语言能力就不可能有效，语言的交际性就会大打折扣。

4. 实践性

瑞士教育家裴斯泰洛齐说过，学生从课堂中所学到的感觉和印象必须转化为学生自己的观念才能表现出来。

对音素、语言体系、发音技巧等理论知识进行必要的了解和掌握对语音学习是非常重要的，但是为了克服母语发音体系带来的障碍、养成外语语言的发音习惯，进行反复的操练显得极为重要。教师在语音教学过程中，应该意识到英语是一门实践性很强的学科，必须带领学生亲自实践。教师可以通过亲自示范朗读或播放录音，带领学生熟悉每个音的发音部位、发音方法、字母组合的读音规律，提高学生正确掌握语音知识和运用语音的能力。

5. 长期性

语音的学习并不是一蹴而就的，也不是一劳永逸的，语音的学习是长期的学习任务。对教师而言，语音教学并非一个阶段性的任务，而是长期存在的教学内容。从英语教学入门阶段的字母、单词、日常用语，到初级阶段的句子、对话、课文，无一不包含语音教学，这就决定了英语语音教学的长期性。另外，由于我国学生基本以汉语为母语，因此在学习英语语音时对英语语音的现象较难迅速内化。因此语音教学是一个长期艰巨的任务。

6. 集中性

由于母语的影响，英语语音的学习、掌握对我国学生而言是颇有挑战性的学习内容。集中、反复教学将会有利于加深学生对语音知识的印象，加快学生掌握语音知识的速度。因此，语音教学还需教师集中讲解语音知识、认识发音器官、了解发音原理，并经常带着学生听录音、模仿、正音、反复练习；对学生进行音近、形近的音素和音节的认读、拼读训练，进行元音字母在重读开、闭音节中正确读音的训练。总而言之，教师有计划地安排集中讲授和训练语音知识是必需的。

对上述英语语音学习特征的认识，无论从教师还是从学生的角度来说都十分重要。教师有必要在自己充分认识的基础上，使每一个学生都清楚地认识到这些语音学习的特征，这对学生的英语学习来说至关重要。

二、影响英语语音学习的因素

语音学习是语言学习中非常重要的组成部分。下面探讨影响英语语音学习的因素，以促进英语语音教学效果的提高。

（一）外部因素

（1）师资。教师是课堂教学的主导。随着我国学生数量的增加，以及专业英语教师培养的滞后，英语专业教师师资面临严重缺乏的状况。由于英语专业教师的缺乏，一些学校，尤其是教育发展较为落后的地方，不得不聘用非英语专业教师教授英语课。英语专业师资队伍在数量上相对短缺、学历层次上相对偏低，是我国英语教学，尤其是中等职业学校英语教学的一个普遍现象。这一现象的存在制约了英语语音教学，不利于我国英语教学的发展。尤其是有的学校用非专业英语教师代课，基本语音不标准，缺乏系统的语音知识，严重影响了英语语音教学质量的提高。而有的专业教师虽然在语言文学基础、阅读和语法上都有一定水平，但是对语音本身的掌握有一定差距，教学方法简单，不能够向学生正确教授英语语音。

（2）教材。教材是组织教学、实现教学目标的重要依据，对教学质量有着十分重要的影响。虽然，我国近年来不断改革教材，使我国的教材有所更新，为英语教学的发展提供了条件。但是目前许多学校仍然存在教材陈旧、内容单一的现象，尤其是缺乏语音教学的学习内容，或者没有系统的语音知识，使教学效果大打折扣。

（3）教学方法。好的教学方法可以大大促进英语教学的发展，反之则会成为制约英语教学的一个重要因素。多年来，尽管新的英语教学方法层出不穷，从传统的语法翻译法、直接法、听说法、情景法、沉默法、暗示法、意念法、功能法到后来的交际教学法等，这些不同历史时期的产物及不同语言学流派带来的直接结果，为促进英语教学的发展做出了重大贡献，其中某些教学方法至今仍在英语教学中使用。但是，这些教学方法对语音教学并无多大效果，甚至是不适用的。虽然语音教学中常用的演示法、对比法、手势法、辨音法、口形定位法、模仿法以及录音法在一定程度上促进了英语语音教学的发展，但是这些教学方法也在业内存在争议。近年来，虽然越来越多的人在利用多媒体进行语言输入，一定程度上提高了英语语音教学质量，但是实际上，我国教师、学者仍然未找到最适合我国学生实际情况的、适合英语语音教学的最佳教学手段。

（4）学习环境。这里所指的学习环境包括社会环境、文化观念、校园环境。任何教学活动都是在一定的社会环境中进行的。社会的语言环境、经济活动、文化观念等都会对英语教学产生影响。随着我国对外开放的深入，我国的政治、经济、文化的对外交流日益密切，我国的英语教学环境在整体上已经有巨大改善。但是，我国幅员辽阔、地区发展极不平衡，在很多地方，学生除了英语课以外，基本没有机会接触到真实的纯正的英语语言资料，更没有真正使用英语的机会。

文化观念也是英语学习的障碍因素。在我国，人们在人际交往中较为含蓄、爱面子、集体观念强。因此，课堂上，我国学生习惯保持沉默，较少开口说英语，这无疑严重阻碍了英语语言学习和英语教学效果的提高。

在校园环境中，教室是最基本的教学条件。我国大多数学校还没有多媒体语言教室，还是在传统教室中教授英语。传统教室都是固定桌椅，且班级过大，不利于学生对教师口形、教师对学生口形的观察，不利于语音教学，也不利于语言课课堂活动的组织和学生语言交际能力的培养。

（二）内部因素

虽然教师的引导可以促进学生的英语学习效果的提高，但是，英语语音学习所能达到的目标更多地取决于学生自己。也就是说，英语语音学得怎么样，在很大程度上取决于学生自身的一些因素。因为在大环境相同的情况下，往往能看到，不同学生的学习结果可以相差很大。这就说明，在大环境既定的情况下，个人因素会起决定性作用。

（1）语音能力。语音能力也叫语音编码能力或听觉分辨能力，是指对外国语言的一种特别的听辨能力，是学习者天生具备的、有助于其成功掌握语音的能力。语音能力包括：区分不同声音的敏锐听觉，掌握发声部位并准确地发出语音的良好动觉，区分所感知和发出的语音中的语调特征，控制听觉和动觉的能力以及协调发声运动的能力等。由于人在生理学角度方面具有的差异，学习者的语音能力也各不相同；而由于语言能力的差异，不同的人学习语言的速度和效果是大不一样的。有些学习者天生具备对声音的敏感能力，并善于模仿。而有些学习者在发音方面能够达到本族语者的水平，但是对大多数学习者来说，这个目标的实现存在较大难度。提高学生对语音能力的自我意识有助于学生充分运用这种能力，并且还可能帮助学生培养和开发语音能力。教师在教学过程中，应该多与学生沟通，充分了解各个学生的语音能力，以帮助其发掘和发挥这种潜力，促进其英语语音学习效果。

（2）年龄。年龄也是影响语言学习效果的一个重要因素。一般认为，英语学习者的目的语语音能力与学习者的年龄有着直接关系。语言习得研究表明，由于大脑缺乏适应能力，语言学习过了青春期（约 12 或 13 岁）会变得越来越困难，尤其表现在语音学习上。在通常情况下，学习英语的年龄越小，带母语口音的可能性也越小，目的语语音就可能学得越好。这可以从两个角度解释：一是生理角度，学生已经掌握的母语发音规则会妨碍他们对外语的领悟力，而且，随着年龄的增长，母语系统变得愈加稳定，对英语领悟力的影响也越大；二是心理角度，由于语音是语言的一种外在形态，因此，语音是讲话者个性的一部分，讲话者年龄越大，就越注重保留个性而不愿轻易接受新的发音习惯。

（3）性格。个人性格的差异是影响语言学习的重要因素。在口语方面，一些具有开朗、乐观、合群、善交际等性格特征的学习者往往具有较强的自信心，不怕出现语法或语音方面的错误，在陌生的场合敢于开口大胆说英语而获得了更多的英语交流机会，对英语语音教学会产生积极的推动作用，而英语学习的成功体验反过来又增加了学习者的自信心，促成其良好性格的形成，两者相辅相成，相互促进。而害羞、内向、不善交际等消极性格特征的学生由于担心出错，在一定程度上会阻碍英语语音教学。因此，教师要注重学生的性格差异，根据学生的性格特点，因材施教，提高英语语音教学的效果。

（4）学习方法。学习方法的恰当与否直接影响英语学习效果。在英语语音教学中，教师是主导，教师对学生英语语音的学习只是起到引导、促进的作用。学生才是英语语音教学中的主体，其学习方法的正确与否、效果高低是英语语音学习成功与否的关键。高效的学习方法会使学生的英语学习事半功倍，从而提高学习效果，从而影响教学效果和教学质量。

（5）母语的影响。一般来说，学习者的母语语音系统对其英语语音系统的学习会有直接的积极或消极影响。在我国，英语是作为一种外语来学习的。任何一种语言的学习总要建立在一定的母语基础之上，母语中已经建立的知识和技能对英语学习必然会产生影响。汉语与英语的历史渊源相去甚远，汉语属于汉藏语系汉语族，是表意语言，而英语属于印欧语系日耳曼语族，是拼音语言，两种语言分属不同的语系，两者的语音系统千差万别。英汉语音差异主要表现在发音特点、语音构成、音节的轻重读音、语音语调等方面。此外，英汉音节组成、辅音的清浊、元音的长短等方面都存在差异。例如同是辅音，英语中的 [s][z] 和 [j] 与汉语中的 [s] 虽然发音方式相近，但仍然存在不同程度的差异；又如英语中存在连读现象，即语流中词与词之间的音素连读，目的是简化发音动作、提高语速，而我国学生习惯于逐字朗读，因而难以将英语中词与词之间的音素连读。因此，我国学生学习英语语音时，其汉语语音系统的影响一般趋于消极，给我国学生学习英语语音带来不同程度的困难。

母语在学习外语时产生的影响是比较大的，教师在英语语音教学中，要帮助学生避开母语干扰，例如通过英汉语音对比，让学生认识、熟悉英汉语音的差别，从而更好地学习英语语音，提高英语语音的学习质量。

（6）语言输入。语言输入也是影响英语语音学习效果的一个重要因素。

首先，是语言输入的方式。在外语环境下，学生获得语言输入的方式对语音发展起重要的促进作用。在英语语音教学过程中，呈现语音信息的方式有两种，一种是"自下而上"式，是指语言信息的流动方向从下至上，即字母或音素—单词—句子—语篇；另一种是"自上而下"式，即语言信息的流动方向从上至下，即语篇—句子—单词—字母或音素。音素、字母皆不能表达意义，单词虽然表示词义和概念，却也不是交际中的基本单位。交际的基本单位是句子，语篇也是由句子构成的。因此，学生孤立地学习音素或字母、单词的发音是无意义的练习，因为学习者不接触语言输入中句子或语篇的语流就无法领悟英语中地道的语音语调。教师在教授语音时，要结合以上两种方式，不仅要引导学生通过模仿和练习掌握正确的音素和单词的发音习惯，而且要帮助学生在有意义的交际语境中理解语流，使用自然流畅的语音语调实现交际活动。

其次是语言输入的频率。英语是一门实践性较强的学科，需要不断练习，也需要高频率输入。与目的语接触的频度，即暴露在目的语影响之下的时间长短，对目的语的语音学习会起到重要作用。一般来说，两者之间成正比例关系，与目的语接触越多，目的语的语音也就学得越好。教师在语音教学中增加学生语言输入的频率，有利于提高学生学习英语语音的效果。

（三）智力因素和非智力因素

1. 学习动机

英语学习效果和教学效果也受到学习者动机的影响。学习动机表现为学习者渴求英语学习的强烈愿望和求知欲，是直接推动英语学习的一种内部动因。学习英语的动机包括四个方面：学习这种语言的目标；学习中做出的努力，实现目标的愿望和对学习的热爱程度。把学习英语的动机分为两种：一种是融入型动机，这是指学习者对目标语群体有所了解或有了解的兴趣，希望与之交往或亲近，或期望参与或融入该群体的社会生活。另一种是工具型动机，这是指学习者的目的在于获得经济实惠或其他的好处，如通过考试、获得奖学金、胜任一份工作及晋升职位等。一般来说，无动机的英语学习，往往把英语学习视为一种负担，学习效果自然不会好，而具有强烈英语学习动机的学习者，学习效果自然好，而且动机越强烈，学习效果越好。最成功的学习者是既有才华又有高度的学习动机的人❶。

因此，教师在英语语音教学中，不能够仅仅限于英语语言知识的教授，更要采用积极的手段使学习者认识到英语语音的重要性，激发起学习英语的动机，培养起学习英语的兴趣，从而提高英语语言教学的质量。

2. 态度与兴趣

英语在我国是作为一门外语来学习的。从我国英语学习者的角度看，学习态度是指学习者对英语学习的认识、情绪、情感、行为及在英语学习上的倾向。国外研究发现，成功的学习经验，有利于学生建立起良好的外语学习态度，进而更加促进外语学习，使学习者取得更好的成绩。也就是说，成功经验和学习态度相辅相成、相互促进，形成一个良性循环。反之，失败的学习体验形成学习者对待外语的消极态度，导致进一步失败，造成一个恶性循环。学习者对英语语音学习的态度，不仅取决于课题学习中的体验，而且教师、同学、父母、社会环境都会对学习者学习英语语音的态度产生影响。

学生对英语语音的态度也表现在对英语文化的认同程度上，即对目的语文化是持认同、接受、欣赏等积极的情感态度，还是持反对、抵制、厌

---

❶ 王暖.基础英语分层教学改革中的微课建设与应用 [J].中国教育学刊，2017（S1）：127-129+155.

恶等消极的情感态度。一般情况下，积极的情感态度有利于语音学习，取得较好的语音学习效果；而消极的情感态度则有碍于语音学习。因此，教师在英语课堂中，应该重视学生对英语文化的态度对英语学习的影响，引导学生培养和加强对英语文化的认同感，培养世界公民意识，建立多元文化观，从而有利于学生学习英语语音。

兴趣是最好的教师。学生对英语语音学习的兴趣，影响着其学习效果。学生对英语学习的兴趣越大，就越会以积极的态度去了解和学习英语语言及其文化。而如果学生对英语不感兴趣，则会对英语语音学习持消极态度，学习总是处于被动地位，投入很少的时间和精力，其学习效果也欠佳。

3. 自信心

自信心对英语学习效果也有重要影响。充足的学习自信心，有助于学生取得好的学习效果，而学习者自信心不足则会制约英语语音教学，不利于英语语音学习的效果提高。部分学生由于性格内向、自信心不足，发音上的一次挫折也会使得他们表现出极度的自卑心理，在教学过程中难以主动参与、发挥个人的主观能动性，从而使英语教学成为教师说、学生听的过程，教学效果自然不理想。英语作为一门实践性很强的课程，在教学过程中，教师必须注重师生间的互动，通过互动促使学生开口说英语，参与到英语课堂中来，并在学生犯错误时及时给予鼓励，避免使其陷于自卑心理。

4. 师生之间的情感交流

教育心理学家们认为，在学校众多的社会环境因素中人际关系是最为重要的。师生关系是学校人际关系中极为重要的一种关系。学生是否喜欢某一门课程与其对教师的态度有重要的关系。如果学生喜欢一门课的教师，就会对该门课感兴趣，学习积极性往往比较高，学习效果也会比较好。语音是英语教学中相对枯燥的部分之一，如果缺乏融洽的师生关系，师生之间甚至产生距离感和冷漠感，肯定会影响课堂气氛和学生上课的心态，影响学生对语音学习的兴趣和积极性，会对教学活动的展开和教学效果产生消极的影响。因此，教师要重视与学生之间的关系，多与学生沟通、理解学生、与学生做朋友，建立融洽、和谐的师生关系，从而创建有利于英语语音学习的氛围。

　　总之，在英语语音教学过程中，英语教师可以根据具体的教学情况，考虑以上影响英语语音学习效果的因素，采取适当的教学方法，使上述因素向有利于英语语音学习的方向发展。

三、英语语音教学的主要内容

　　语音不仅是语言的本质，也是语言教学的基础。可以说，学好语音是学好英语的基础，学好语言的关键在于学好语音。早期的英语语音教学注重音素和单词的发音。20 世纪 80 年代后，随着交际法的发展，语音教学重点从音段音位转向超音段音位。音段音位指音素，如元音和辅音；超音段音位指节奏、重音、语流和语调。时至今日，英语语音教学的主要内容一般包括整个英语语音系统，主要包括发音知识、单音、字母、音标、语流等方面。

　　（一）发音知识

　　发音知识主要是有关发音与发音器官间的关系的知识，如口形、唇形、舌位、唇和舌的运动轨迹、肌肉的紧张或松弛状态、气流的通道、口腔、鼻腔、腭、声带的振动、声音的长度等。发音知识是语音学习的基础，适度地教授学生英语发音知识，有助于帮助学生建立对英语语音系统的理性认识；有助于奠定学生学习语音知识的基础；有助于促进学生学习语音的效果。

　　发音知识是语音教学的开端，良好的发音知识将有助于减少语音学习和教学的难度；有助于提高语音知识的学习效果和教学效果。为了避免在英语学习入门阶段中损伤学生的学习积极性，教师应该充分考虑学生的特点，在语音教学中，告诉学生一些发音常识。比如发音与发音器官的关系，唇、舌的运动轨迹，肌肉的紧张与松弛状况，声带的振动与否，气流的通道是口腔还是鼻腔，声音的长度等，这些都是学生能够接受、理解的。在这些知识的指导下，学生对语音的模仿变得积极、自觉，具备一些对自己的发音进行及时调节和校正的能力，这比盲目被动模仿收效要大。但是，教师应该注意，对学生而言，发音知识并不是越多越好，越深入越好，教师不能把语音课变成语音学课，而是要注意发音知识的适度性。只要学生对某个音模仿很准确，没有困难，那么就没有必要画蛇添足，过多地讲授发音知识，以免使学生感到枯燥厌烦，失去对语音学习的兴趣。

（二）单音

单音教学主要是指元音和辅音的教学。元音教学要区分前元音与后元音、单元音与双元音、长元音与短元音等；辅音又包括清辅音、浊辅音、摩擦音、鼻辅音、爆破音等。

1. 元音

元音包括单元音和双元音。

单元音包括：[i:][i][e][æ][ʌ][ə:][ə][ɔ][ɔ:][u:][u][a:]。

双元音包括：[ei][ai][ɔi][au][əu][iə][ɛə][uə][iə][eə][ʊə]。

学元音的关键在嘴唇。口形正确，肌肉松紧适度，发音就准。说起来容易，要做到这两点却是不易，需要大量模仿和操练。

元音教学，首先要强调舌位，使学生有意识地感知声音所发部位的前、中、后、高、中、低之分，在学习前元音时舌位尤其重要。学习英语语音，人的口腔内不足方寸之地要发出 20 个元音，舌位稍有变化就会变成另一个音，由此可见舌位的重要性。

对于元音的学习，关键是辨别长元音和短元音。读得长和读得短的区别分别是长元音和短元音，这种方式虽然很好。可是，站在短元音和长元音的角度，前者不是由后者简便化的短化音，而后者也不是简单的长短的分别。从本质上辨别长元音和短元音的标准是音质不是时值，区别两者首要划分的是舌位高低。造成长元音和短元音音质改变的要素为肌肉，即嘴唇肌肉的紧张程度，长元音读出时肌肉的状态是紧张，而短元音读出时肌肉的状态是放松。在教导元音时，教师需指导学生具体的体会舌位的改变。弹性是舌头的特征，可进行收缩，要充分运用舌头的伸缩以及高低、于口腔中位置的不同，并把单元音读好；同时能够在发音的过程中移动舌头，而把双元音读好。

对于教学元音，其次要强调唇形，特别是对后元音的学习。例如 [a:] 与 [ʌ]，尽管两者间有着不同的舌位，可是影响发音的主要原因是唇形和舌的肌肉紧绷度。

2. 辅音

英语中一共有 28 个辅音，大部分是成对出现的，辅音有清辅音和浊辅音之分。在辅音教学中，首先要教授学生基本的辅音音素。

清辅音包括：[P][t][k][f][e][s][tj][tr][ts][h]。

浊辅音包括：[b][d][g][v][d][z][ʒ][dʒ][dr][dz][m][n][g][l][r][w][j]。

辅音的清浊对语义的影响很大，因此教师要重视辅音清浊区分的教授。例如：

[pig] 猪 [dʌk] 鸭

[big] 大 [dʌg] 挖

当教导辅音的时候，除辅音音素的基础外，还要强调声带是否振动是清辅音与浊辅音的主要区别。学习辅音时，可以让学生将手置于喉部，体会对浊辅音发音时所出现的声带颤振现象，清音和浊音一同练习。

还需留意一点：在辅音中，可以延续的是摩擦音及鼻辅音，其他反之。倘若发 [t] 时学生把声音拉长，会导致把元音 [ɜ:] 加到后面。辅音不可能单一存在，故此练习辅音时其基本单位是音节。在我国，学生感到特别困难的是辅音连缀，由于其现象只是在词当中才会出现，因此只有经过练习词的读音才能解决。

（三）字母和音标

26 个字母既是学生学习英语的首站，也是所有学习英语的人会接触到的首步内容。26 个字母罗列组合成全部的英语单词，由此可知在学习英语中 26 个字母地位的关键。学生需要先认识 26 个字母的形式以及读音，接着学习单词和音标，才能深入了解音标，理解成千上万的英语单词。

（1）字母。篇章的构成是句子，单词凑成句子，字母则构成单词，不难看出在英语当中字母的重要性。教学字母中，教师需留意运用几方面的对比与融合，融合字母读音与名称、字母表与辅音即元音分类表以及字母拼读与发音，对比汉语拼音字母音和英语字母音等。只有经过这些对比与融合，才能提升英语语音教学的质量。

字母教学当中，教师为让学生掌握字母的音和形，可利用例词和例句来协助，同时通过字母卡片的快速认读及听写的训练方法来强化学生头脑中字母音形的关联，让学生加深对字母音和形的印象，以此来熟练掌握字母。

（2）音标。音标是音素的书面符号，其作用与声音的提示类似。经过对音标的学习，学生需要达到见到音标能把某个对应的音记起。

对于语音的实际教学，通常融合的是音标教学与字母教学。这样容易把英语字母和音标混同，同时也容易混淆英语字母与音标同汉语拼音字母与拼音，所以，它们之间显得特别关键的是辨别与对比，教师理当留意这点。此囊括的有：字母拼读、辅音字母表、元音字母表、字母的读音、字母的名称以及字母表；音标通常包含次重音、重音、辅音分类表和元音分类表。

（四）语流

重音、节奏、连读和失去爆破、语调是语流方面的知识，和它相对应的教学包括重音教学、节奏教学、连读教学和失去爆破教学等几项教学内容。

1. 重音

单词和句子均有重音。在重音教学过程中教师要开展对单词音节、开、闭、单、双、多等音节和句子重音的相关教学内容。

重音所在的位置会影响到词语的词性和释义，因此重音的作用比单音要显著。在多音节的单词里包含重音和次重音两种类型。教师在教学过程中要引导学生进行重复朗诵，帮助学生找到重音和轻音的区分方式。教师教授单词的过程中要注重重音的发音，并将其作为单词读音的一部分，像汉语中拼音的四个声部一样。

我国的英语教学过程中，教师对重音的重视程度不够，影响到学生对重音的认知程度不足。在缺乏重音学习的情况下，我国英语教学的发展受到阻碍。

2. 节奏

我国英语教学过程中，教师的节奏教学没有引起足够的重视。尽管节奏教学对英语单词的发音和释义影响较小，但是节奏是在英语句子、篇章、段落的发音朗读是否优美的重要标志。英语节奏是促进发音自然流畅的重要环节。节奏教学的关键是要熟悉重读和断句的规律。

英语的节奏感很强。所以，学习英语的语调中要重视对节奏的教学。人们所说的"节奏"指的是，在完整的句子中，两个重音中间的距离相同，这包括语流速度的快慢、音调的高低、发音的长短和停顿的处理等。假设两个重音中间是轻音，需要将前一个重音进行拖音处理或者在两个音节中间及逆行停顿；相反的情况下，如果两个重音中间还有很多个重音，需要将重音一口气快速读完。

尽管我国学生在英语交流中使用正确的语法，但是听起来很生硬、没有美感，这是英语节奏教学效果不佳的表现。想要提高英语的语言表达，教师需要利用自然、地道、流畅的英语教学，要重视对节奏概念的灌输和学习，要让学生在英语发音中学会掌握节奏感。

3. 连读和失去爆破

英语和汉语之间有很多差异性。语音上，汉语没有连读和失去爆破这种特性，这是二者最显著的区别。英语的重音是句子发音时间长短的关键，通常一个节拍里需要发出多个音节。所以，单词和单词之间会出现首尾相连、连续发音的情况，失去爆破也随之发生。

在英语语音学习中，词组和句子如果以辅音结尾，它后面的单词又以元音开头，这需要进行连读处理。举个例子，standup 连读发音为 [stændʌp]。与此同时，部分音节在句子或者词组中会受到前后音的作用，会发生改变

（叫作同化或异化），举个例子，question 一般读作 ['kwestʃən]。

英语的语音教学中，连读和失去爆破很关键，直接影响到英语口语的流利程度。连读是帮助英语句子和词组说得更流畅、更自然的一种方式，学习者需要加强听力和口语的练习。所以，教师在教授语音课程时，要强调连读和失去爆破的内容，让学生投入更多的时间和精力进行学习，并认识到二者的重要作用、掌握二者的相关技巧，力求讲出地道、流利的英语。除在课堂上的课文朗读强调这两个方面外，还可以通过听力的分析和口语的练习让学生大胆尝试二者的发音技巧。事实上，如果在基础教育阶段开始强调连读和失去爆破，学生会很容易接受并习惯。

4. 语调

汉语的每个字都有自己的语调，在句子的整体的调上较为不严格。通常情况下，降调非常常见。但是英语除降调外，升调也非常常见。所以，在英语教学过程中，很多学生不习惯运用升调来发音，导致语调变得没有灵性，带有地方口音。面对这种现实情况，在英语语音教学的基础阶段，教师需要对学生进行升调和降调的训练，强调升调和降调，引起学生的重视。人们所说的英语语调指的是重读的词语在音频上的一种变化。英语的语调教学过程中，教师需要从单词到词语到句子，从升调、降调、高音、低音、平调等五种不同的词语概念进行教学。一般在句子的末尾是以升调和降调为主。在长句子中，句子中间也可能会有升调和降调的情况；句子的开头和结尾中间一般是平调，通常是由"高平"降至"低平"的一种情况。在长句型中，还可能出现再次高平的现象。学好语调的实际运用，不但能够加强英语语音的优美感，而且能够讲出更地道的英语，对于逻辑表达和情感抒发也有很大的帮助。

四、当代英语语音教学的主要方法

语音是语言的基础，是学习英语首先要接触和掌握的问题，语音学习是初级教学阶段的重要内容。词汇、语法的学习以及听、说、读、写等各项技能都以语音的学习为前提，只有掌握了语音，才能进一步学习读写，也才能进一步学习语法和词汇。因此，语音、词汇、语法要进行综合教学，并且在不同的教学阶段要有不同的侧重点。英语教学初级阶段的侧重点是语音，要首先让学生过好语音关，即声音洪亮，语音、语调基本准确、流利、自然；耳朵灵敏，有一定的辨音能力。下面提出英语语音学习的主要方法，以便为教学的顺利进行创造条件。

（一）对比学习法

英、汉语音有相同、相近、相似之处，也有不同、完全不同之处，这既为我国学生学习英语语音带来了方便，又带来了麻烦。一方面，我国学生在学习英语时，已经掌握了汉语语音，形成了汉语语音的习惯，在学习英语语音时，学生或多或少会受到汉语语音的影响和干扰；另一方面，通过对英、汉语音知识的对比，教师能预见学生在学习语音上的难点，从而可以有针对性地考虑教学方法和措施，有效地帮助学生解决语音上的困难。通过对比分析，学生能够分辨英语与汉语语音的特点，有助于纠正错误，进行有效练习。

比较方法广泛运用于发音、语调等多方面的英语学习，是语音学习的有效方法之一。比较分为横向比较和纵向比较，横向比较指英语与母语的比较；纵向比较指英语与英语的比较。对我国学习英语的学生而言，学习英语语音采取对比法，横向比较是指英汉语音间的对比，纵向比较是指英语语音间的对比。

1. 英汉语音间的对比

外语的学习会受到学习者母语的影响，因而英语语音学习策略必须考虑母语语音习惯这种客观存在的影响，引导学习者进行正确的对比分析。如此才能规范地学习音标，学习正确的标音法。例如元音音素 [i:] 和汉语拼音的 i 相似，但两者不完全相同。[i:] 是个长音，有一定的长度，它和普通话中的"衣"不同。"衣"音有摩擦，而发 [i:] 音时不带任何的摩擦。英、汉语音存在相同之处，比如汉语拼音中的声母 b、p、m、f、d、t、n、l 等去掉其中的韵母之后，发音就类似于英语中的辅音 [b]、[p]、[m]、[f]、[d]、[t]、[n]、[1]。借助于已有的汉语拼音知识，学生在学习相关的英语语音时，就可以减轻学习的负担，降低学习难度，提高学习兴趣，从而可以有效提高学习英语语音的效果。

英、汉两种语言属于不同的语音系统，因此两者语音存在差别。分析英、汉语音间的不同点，则可以使学生在学习英语语音时有意识地避免母语的干扰，防止出错。例如英语中的元音有长、短元音之分。长元音的长大约是短元音的 3 倍；而汉语拼音中的韵母则无长、短之分。再比如汉语拼音中没有 [o]、[d]，我国学生在发这两个音时习惯用 [s]、[z] 代替，那么教师在教学中就需反复对比，认真讲解不同之处，提醒学生对此引起注意。

2. 英语语音间的对比

除了英、汉两种语音音素的对比，还要进行英语语音之间的对比。英语语音间的对比主要集中在口形、牙床、舌位等方面。例如英语语音中的元音 [i:]、[i]、[e]、[æ] 都是前元音，发音时都是前舌在活动。但发 [i:] 时，前舌抬得较高；发 [e] 时，前舌最低；发 [i] 时，牙床开得最小；发 [æ] 时，牙床开得最大。这四个元音中，只有 [i:] 是长元音，其他三个都是短元音。教师在讲授类似的语音时，应该让学生看清口形的变化情况，找出牙床从近合到逐渐开大、口形从扁合逐渐变成大扁、舌位逐渐由高到低的变化规律，然后让学生模仿发音，教师认真检查、纠错指导。

（二）模仿学习法

模仿法，是学习英语发音最基本、最有效的方法。模仿法可分为直接模仿法和分析模仿法。直接模仿法就是学习者依靠听觉和视觉的感受，直接模仿发音。直接模仿法省去了烦琐的讲解，似乎是比较简单的方法。但是，实际上，模仿这个过程比较复杂，因为它涉及学习者语音辨音能力的强弱。有的人听到一个音，就能够听清、听准了，并能高质量地模仿这一发音；而有的人都会因发音器官或辨音方面的问题，有时听几遍也无法准确发音。

因此，在教学英语语音时，对某一些音做一些文字描述和图表展示是十分必要的，这可以方便学生做出正确的模仿，学会正确发音。但是，有些语音知识、技能难度较大，即使辅以文字说明和图片展示，学生也难以掌握发音要领。这时教师需要采取模仿分析法进行语音教学。分析模仿法指有针对性地指出发音上的毛病，帮助学习者对错音进行分析，给予正确的发音指导，直至错误得到纠正。使用模仿分析法，教师首先应该识别语音教学的难点，向学生讲解语音发音要领，并通过发音示范让学生观察发音口形，让学生进行模仿。

分析模仿法包括听音、模仿、对比、分析、仿说等步骤。

1. 听音

听是语音教学的根本方法之一，是学习发音的第一步。在语音和语调的训练中，必须按照先听后说的顺序进行。在长期的实践教学中，教师们发现学生语音、语调不正确，主要是由于听得不够、模仿不当造成的。因此教师应该多给学生听的机会，让学生充分地听，学生才能够听懂、听准，才可能说对。教师的发音示范方便、灵活，能使学生近距离观察发音，并且师生之间可以互动，从而有利于学生掌握发音技巧，因此听教师的发音示范是听音的主要方法。为了使学生接触和学习地道的发音，教师还应该争取让学生多听美国人、英国人的发音。

在听的训练中，教师还应该注意训练学生审音、辨音的能力，尤其要注意辨别那些和汉语相近的音，区别清浊音、长短音、送气与不送气音，并学会听出是否带有促音等，通过辨音训练，学生的听觉灵敏度就会大大提高。

在听音上要让学生多听，要听清、听准、听熟。只有在这个基础上，才能进行模仿，也才能模仿得对。有时候，学生即使听准了，也有可能发音不够准确，教师就要督促其进行反复操练直至发音准确。听准是说对的前提和基础，说是听的发展，是对听的巩固。由于听不准导致发音错误，造成课堂上花费大量时间纠正错误的发音，不仅影响了学生学习外语的积极性，还会浪费教学时间，降低语音教学的质量和效率。目前各个学校都已设置了语音室，配置了录音机、录像机等现代化教学工具，为教师教、学生学创造了一定的条件与语言场景。

2. 模仿

在听音之后，就应该让学生模仿，通过学生模仿检查学生是否听清、听准。如果学生模仿发音对了，就表明学生听清、听准了。

教师先示范学生后模仿是语音、语调的主要教学方法。在英语语音教学中，教师给学生多次示范，让学生充分听所要学的语音、语调，然后让学生跟着教师说。听准是模仿的基础，学生在听准的基础上模仿说，模仿时出现错误的概率就会少一些。教师用模仿法教学时，并不一定需要进行分析，如果学生已经能够掌握正确的发音，就不必去讲发音的方法，只有在必要时才对英语语音、语调的特点做深入浅出的分析或对比，以便学生正确模仿。

在模仿时，可以将集体模仿和个别模仿相结合。集体模仿即所谓的口腔体操，主要训练学生的发音器官，使学生的发音器官习惯英语语音发音的口形。个别模仿是让学生一个个地进行模仿。个别模仿最好采取快速方式进行，即教师走到行间，按一定的顺序，指着学生一个接着一个依次模仿。教师采用个别模仿法可以有效检验学生发音是否正确，并且可以帮助分析学生模仿错了的原因，及时给予帮助。有时候，教师应该让不同水平的学生进行模仿，多检查几个学生，检查得普遍些，从而发现学生模仿发音的普遍性的困难，以便针对问题给予帮助。

3. 对比

当教师发现学生对某个音普遍听不清、说不准时，就需要通过对比，借助图表进行解说，以帮助学生听懂、说准。

教师进行对比、解说之前，需要先发现问题所在，即先要找出学生的发音错误以及造成错误的原因。影响发音的原因主要有牙床的开合、舌位的高低或前中后、唇形是圆是扁或中常、声带振动与否、气流逸出是否受阻、音的长短等。教师应该根据学生模仿的发音，发现其错误所在，从而根据原因对症下药，帮助学生解决困难，学会正确的发音。

教师可以用对比的方法帮助学生体会英语语音的特点。新教的英语语音，可以通过对比突出，从而让学生发现它的发音特点。只要学生能觉察出其特点，就很容易模仿正确。如教师可以对比英语语音和相近的汉语语音，新学的英语语音和已学过的相近的或有关的英语语音，帮助学生发现发音特点，掌握正确的发音技巧。

4. 分析

一般而言，教师在教授新语音时，可以通过对比让学生认识新音素的特点。即教师可以从相近的汉语音素或已经学过的相近的英语音素出发，指出新音素的特点或它和旧音素在发音方法上或部位上的不同之处，这样，学生了解了新旧音素的不同，对新音素就容易掌握和模仿了。在英语语音教学中，教师经常采用这种以旧带新的方法。比如教师在教英语音素 [u:] 时，可以将其与汉语拼音的"u"相联系，让学生先发汉语音素"u"，然后告诉学生：

Put your lips out a little，and try to make the Chinese stronger or louder and longer，then you get the English [u:].

由于学生已经掌握了汉语的"u"的读法，因此经过对比，就很容易掌握英语的 [u:] 的发音了。

5. 仿说

教师进行分析后，学生还要仿说，包括听和说。加强听和说的训练是掌握语音、语调的重要途径。

发音练习能使学生会发某个音或某个调，因此为了解决语音教学中发音的准确性，单纯的单音和音组的语音练习是必不可少的。但是，单音和音组不是表达思想的基本单位，学习发音不能全靠专门的单音或音组发音练习，而必须以句子为单位在听和说的练习中进行语音教学，也只有这样的语音练习才不仅操练了语音、语调，而且有利于培养听和说的能力。

专门的语音训练只有和日常的听说、朗读结合起来，实行语音练习上的精泛结合，才是语音教学努力的方向。换句话说，就是要把课上课下的听说、朗读练习看作语音练习，语音练习的时间和分量才能大量增加，学好语音也才有可靠的保证。实际上，自动化的发音熟巧最后还是在句子、语流中培养出来的，单纯的发音练习并不能达到这一教学效果。

总之，语音、语调的教学方法，应以示范、模仿为主，以对比、分析为辅。学生正确的语音、语调要经过较长时间训练才能获得，因此，在语音阶段结束时，教师要对每个学生做一次语音鉴定，以帮助学生明确薄弱环节和努力方向，为学生以后的语音学习提供帮助。同时，由于语音学习需要大量的训练，仅仅依靠课堂时间是不够的，因此教师要特别注意鼓励学生课后多加练习，以便于语音教学的顺利进行。另外，心理语言学家认为，语音的模仿能力随着年龄的增加而减弱。因此教师要抓住时机，在英语学习的入门阶段以正确恰当的方法指导学生进行模仿，不断纠正不准确的语音、语调，引导学生大量重复、持之以恒地练习，才会取得较好的学习效果。

（三）分类学习法

练习是英语语音学习的重要组成部分。练习得法，事半功倍。练习要有一定的重复性，但又要避免简单重复。简单重复将导致兴趣减弱。为了提高练习的效率，对练习的内容就要进行筛选和排列，有针对性地安排每次练习的内容。英语语音练习可分为单音练习、字母与音标练习、词语练习、句子或短文朗读练习和篇章背诵练习。实行分类练习能保证英语语音学习有序进行。

1. 单音练习

单音练习着重解决元音音素和辅音音素的分别发音问题，其中重点学习元音音素。对我国的学生来说辅音音素的学习没有多大问题，大多数辅音比较容易掌握，只有个别辅音音素需要学生多加注意。

对学习者来说，单音发音错误必然会出现在学习语音的过程中。如果发音不准，首先要找出发音错误和造成错误的原因，找出原因后，用对比的方法进行分析，强调英语语音发音的特点，再进行模仿。学生学习发音要多听，还应利用英语语音图和元音发音方法的说明来帮助自己学习发音、纠正发音错误。有时候，学生很难发现自己的错误，因此，在单音练习时，最好有教师给予示范和纠正错误，语音纠正要结合讲解、示范、模仿和练习来进行。

元音是英语语音单音练习的重点，学习元音时主要掌握会活动的发音器官的变化。虽然学习辅音对我国学生而言比较简单，但是也不能够因此掉以轻心。学习辅音时，要注意与汉语拼音的声母进行比较，不要与汉语拼音混淆，辅音发音时不要包含元音的成分。

学生在做单音练习时，要结合单词、短语和句子来做元音音素和辅音音素的发音练习，并且练习要在比较中和多类型练习中进行，只有这样的练习才能收到比较好的效果。

2. 字母与音标练习

英语字母教学一般都与音标教学结合起来，同时进行，也就是在英语字母教学的同时，将字母读音的音标形式教给学生，让学生在学习英语字母读音的同时学习基本的英语音标的读音。在英语的26个字母的名称音中，包含了48个英语音素的24个，因此，在字母教学的阶段就可以将有关的语音知识结合进去，为学生以后学习单词打下一个基础。

掌握字母的读音主要分两个步骤：即听音和模仿。

第一个步骤是听音。字母教学的基本步骤和根本方法是先听音，后开口，听清发准。听音是学习发音的第一步，是模仿的基础。听音的质量直接影响学生的模仿效果，因此教师在做出发音示范时，不仅要发音正确、清楚，而且语速要掌握好，以适当的语速向学生示范发音，可以先慢速，再正常语速。除此之外，对于一些难发音、学生难以掌握的字母，教师还要对字母的口形、舌位、发音要领、发音方法和技巧进行适当的讲解，以帮助学生掌握发音要领、技巧，从而更好更快地学习、掌握正确的发音。

第二个步骤是模仿。模仿是学习字母最基本、最有效的方法，也是检查学生是否听清、辨准的最好方法。为了让学生正确地模仿发音，同时减少发音的枯燥感，教师不仅要以正确的发音示范，还要用生动活泼的形式、直观形象的比喻、深入浅出的语言，或者借助姿势、手势、动作等帮助学生发好音，更重要的是要让学生反复、大量地实践。

字母和音标教学有三种方法：最普通的教法是先教字母，后教音标；目前流行的教法是字母和音标同时对比；还有一种比较少见的教法是先教音标，后教字母。

字母教学还可通过例词、例句以帮助学生掌握音和形，并以快速听写和快速认读字母卡片的练习方式来加强字母的音、形在学生头脑中的联系。

3. 词语练习

词语练习要注意词重音的位置，以及元音和辅音在词语中的发音，尤其是元音在重读音节和弱读音节中的发音，以及在不同的词中元音发音的异同，这就涉及读音规则的知识。在词语练习中，首先读准每个词中的元音和辅音，然后准确定位词的重音。在每一个双音节词中，有一个音节是重读音节，除了学会判断词的重音位置之外，在词语练习的同时，还要逐渐掌握读音规则，掌握读音规则有助于准确发音和记忆单词。英语的读音规则指字母和字母组合的发音。需要注意的读音规则包括：

（1）元音字母在重读开音节和重读闭音节中的读音规则。

（2）重读 -r 音节和重读 -re 音节的读音规则：ar, er, ir, yr, or, ur, are, ere, ire, yre, ore, ure。

（3）元音字母组合在重读音节中的读音规则：al, au, augh, aw, ai, ay, air, ea, ee, ei, eu, ew, ear, eer, igh, ia, io, oa, oi, oy, oul, oo, oor, oar, ou, ough, ow, owe, ower, ui。

（4）元音字母以及元音字母组合在非重读音节中的读音规则。

（5）辅音字母的读音规则。

（6）辅音字母组合的读音规则：cc, ch, ck, tch, ed, dge, ge, gue, gu, gh, kn, nk, ng, mn, ph, ps, qu, sc, ss, si, stle, th, the, tw, dw, wh, wr。

在教学中，要坚持单音与拼读相结合，拼读与拼写相结合，传授语音知识与培养语音技能相结合的原则。单词练习一般可以采用以下方法：

听音：

（1）教师读音标或单词，学生静听，并注意观察教师口形。

（2）教师读音标或单词，学生出示相应的音标或单词卡片。

（3）将板书的音标或单词编号，教师读音标或单词后，学生说出相应的编号。

拼读：

（1）教师分析例词的音素及拼写方法与规则。

（2）教师引导学生模仿例词、拼读单词。

（3）听写与例词的元音和拼读规则相同的单词。

发音：

（1）听教师范读（或录音）后学生仿读。

（2）学生集体试读。

（3）学生个别试读，教师正音。

辨音：

（1）教师读一对音素或单词，学生指出其异同。

（2）教师读一对词，学生指出其不同的音素。

（3）让学生读所给例词，指出词中发音相同的部分。

4. 句子或短文朗读练习

单音和词组练习是句子或短文朗读的语音的练习基础，包括句子的重音、音节的同化、连续、节奏、语调、感情色彩和不完全爆破等方面的内容。

中文是一种单音节的字，英语却有双音节、多音节和单音节的划分，词尾部分通常是辅音及辅音连缀的情况。我国学生基本已经习惯中文语音的语调，所以英语学习中一旦朗读少或缺乏大量的训练，容易导致舌头不灵活、发音模糊、咬字不清。尽管这时候语法没有任何问题，但是语调会显得生硬、不流畅。所以，我国学生在英语学习中要多朗读，来改善语音语调。

短文朗读包括对语音的要求和句子重音的要求两个部分。除此之外，还要在流利的朗读中注重语音、语调的变化。简而言之，短文朗读是一项语音、语调知识的全应用。它能够帮助学生进行语音语调的练习，使得学生讲出的英语自然流畅。

5. 篇章背诵练习

朗读背诵是许多英语教育专家和知名语言学家推崇的好方法。对好的篇章一遍一遍地朗读，自然也就能背诵了。背诵有助于学习语音语调，增强英语语感，提高口语能力。用于背诵的材料可以是教材上的课文，或写作范文，或英语名篇，或绕口令等。这些材料必须经过语音分析，标注出重读、停顿、连读、不完全爆破、语调等，才能作为背诵的内容。

除绕口令外，教师还可以让学生通过朗读童谣或小诗，有目的地练习某些音素的发音。

学习英语语音，不仅要听准确、说正确，还要进行及时有效、反复多次的操练巩固，让学生形成稳定的听觉记忆。如果发音错误，再多的练也对正确的语音学习毫无帮助，甚至给学生的英语学习造成很大的危害；如果操练过少，学生便记不住单词发音，对英语语音的掌握也意义不大。所以，语音学习，不但要有准确的发音，还要有大量的学习。总之，大量的各种练习是语音学习必不可少的内容，没有动脑筋的练习、没有足够的练习，难以获得流利的语音语调。语音练习的方法有很多，每次语音练习可安排一种、两种或多种练习，但是一定要注意各类练习的侧重要求，以达到更好的教学效果。

第二节　英语词汇教学

词汇是语言的基础，是无法孤立存在的语言组成部分。一方面，构成词汇的要素有词音、词形和词义；另一方面，词汇又和语法、句型以及语篇结合，通过语言的听、说、读、写活动来传达意义。词汇只有在一定结构中才能实现语义的构建，因此，词汇的理解、习得和使用是一个复杂的、综合性的过程。可以说，语言是由词汇以恰当的排列方式组成的，语言的运用就是词汇的运用。因此，词汇教学在英语教学中占据着重要的地位。

一、当代英语词汇教学现状

要学好一种语言，词汇是第一步。掌握一定数量的词汇有助于提高学生听、说、读、写的各项能力。词汇量越大，英语学习的效果也会越好。然而，词汇的学习并不容易，如大部分学生都对背单词感到头疼、对词汇的使用感到茫然等。这都是由于词汇在教和学的过程中存在错误的方法和观念所致。下面从两个方面分别阐述词汇教学中存在的问题。

（一）教师在词汇教学中存在的问题

词汇教学是英语教学中的难点和重点，英语词汇教学的问题随着教学的存在而存在，总的来说主要表现在以下几个方面。

1. 词汇呈现方法单一

词汇教学的呈现方式是词汇教学的第一步，也是最关键的一步。然而，呈现方法单一是目前词汇教学的一大问题。教师大都采用"教师领读学生跟读，教师讲解重点词汇用法学生读写记忆"的方法。这种教学方法不仅单调、被动，还让学生感到词汇学习枯燥、乏味，久而久之，学生就会对英语产生厌学的情绪。针对这种情况，教师应该积极改进教学方法，充分调动学生的积极性，提高学生学习词汇的兴趣。

针对上述情况，词汇教学的呈现方式应该包含多个环节：口头发音、板书拼写、解释词义、说明用法、固定搭配、翻译、举例等，教师可以根据具体情况选择最佳的词汇呈现策略和讲解策略。在这些环节中，举例说明是使用最广、自由空间最大的环节，每个英语教师都可以选择举例或不举例、举例的数量、举例的内容以及例子的讲解与否等。

科学的英语词汇教学的呈现方式里不可或缺的一个因素就是举例。这一实验结果与大多数人的母语习得经验一致：每个人母语的部分基本词汇都是从生活语句中感悟出来的。可以说，英语词汇呈现的最佳方式就是包含了情景化例句的方式。因为在情景化的例句中，学生可以自己感受一个单词在词义、发音、拼写、用法、语法等方面的一切信息。因此，我国英语词汇教学应避免用汉语讲解英语词汇意义，甚至英语讲解也要适可而止，而应大力倡导举例法，争取通过例句解决词汇教学的基本问题❶。

2. 忽视学生主体地位

词汇教学的过程中，教师要有意识地开发学生的智力，要培养学生观察、想象、记忆、创造和思维的能力。但是，我国词汇教学存在教师过分"代劳"的情况，原本应该是学生进行归纳和总结的词汇规律，教师均直接总结好教授给学生。教师在教学的过程中只注重教，而不注重学生学的过程。实际上，教师要明确自身在教学中的地位和作用：教师是学生的引导者，学生是学习的主体，教学应该以学术观念为主。教师只有教会学生掌握词汇的学习方法和规律，学生才能够更快地进行学习并取得更好的学习效率。

3. 忽视课堂教学细节

课堂词汇教学成果和教学活动细节有很大的关系。在大部分情况下，英语教师是根据教学经验和判断力来开展教学工作，在教学过程中一般不注重对细节的整改。文字和口头的表达、单词音节发音和释义、课文和词汇的关系、发音和拼写的关系、示例讲解、鼓励学生多听和多说、利用多媒体辅助教学、英汉词语解释和翻译、班级活动和小组分组学习、经典教材和生活相互联系、先后顺序和优先级、应该如何做取舍等问题没有得到重视和解决，但这些教学细节问题却是英语教学课程在理论和实践中至关重要的部分。

原则上，大部分人对以上细节的态度是二者兼顾。但是，教学实践具备多样性和完整性。英语教师只有在特殊的教学环境中才能够按照学生的实际情况开展教学工作，并找到问题的本质。

4. 缺乏与学生生活的联系

大部分教师对于课堂词汇教学采用的是简单重复课本的词汇量，没有关联学生的具体情况和生活环境。这种教学方式对提高学生的学习兴趣和

---

❶ 吴莎. 高等职业教育英语教学与学习的问题发现与建议——基于高职高专英语能力测评现状和需求调查 [J]. 中国外语，2017（6）：34-36.

激发求知欲没有起到作用，也没有体现出因材施教的教学原则。在进行词汇教学时，教师要针对学生感兴趣的部分进行词汇量的拓展，增加部分和词汇相关的课外内容，做适当的延伸教学，让学生在轻松有趣的环境中学习到更多词汇。

5. 缺乏系统性

从系统论的方法，世间万物都有自己的系统，英语词汇教学也有自身的规律。但是，我国当前的英语词汇教学并不遵循这一规律。一个人从小学到大学的学习过程中，英语课本的课文、内容、主题等没有形成系统的规律，每一本教材中包含很多的主题，包括生活、人物、生态、旅游、道德、地理知识、历史、经济学等方面的内容。但是，词汇联系的关键不是词语的意思，一旦课文不是同一个主题，词汇学习将不能够按照一定的共同规则进行，无法形成系统的知识体系，也没办法展开更多学习。这阻碍词汇教学过程中系统性的形成，学生在对这些词汇学习、运用、背诵和联想的过程中没法形成成熟的系统思维，导致学生无法接收到系统性的教材和教学方法的训练，增加学生学习英语词汇的难度，陷入一种反复、效率低下、无法取得进步的怪圈之中。因此，词汇学习的系统性是英语学习中待解决的根本问题。只有加强英语学习的系统性，教师才能够引导学生开展系统的英语词汇学习，才能够帮助学生更好地理解和掌握英语词汇。

（二）学生在学习词汇中存在的问题

学生在学习词汇时常常出现将单词孤立起来死记硬背的现象。然而由于英语词汇结构的自身特点，词汇含义和用法纷繁复杂，并且和汉语在文字、语言、文化等方面存在巨大差异，这就决定了学生单凭死记硬背是无法真正掌握所学词汇的。具体来说，学生在词汇学习方面主要存在以下几个方面的问题。

1. 重量轻质

学生最容易忽视的是词汇量和质的关系，即词汇的深度和广度之间的联系。在学生学习词汇的时候，学生一般重视词汇量扩大，但是涉及如何提高学习效率和词汇运用却闭口不谈。

2. 重语义轻用法

重语义轻用法是学生学习词汇过程中的另一个问题。这种学习习惯导致学生可以看得懂文章，但是在口语和写作的时候不懂得该如何运用单词，导致学到的东西没办法进行运用。学生还经常忽视单词和词组的固定搭配。实际上，对单词固定搭配的学习和记忆有利于提高做题的效率，还能够培养语感，对学生英语思维的开发具有积极的影响。

3. 使用汉语注音

读音是英语学习初期学生学习单词时面临的最大困难。由于课堂时间有限，教师不可能花费整节课去教学生朗读单词，而学生又拿不准或者经常忘记词汇的发音，部分学生对于音节比较长的单词感觉比较难，于是通过用汉语为英语单词注音的方法来学习词汇的读音。这种使用汉语注音学习词汇发音的方式是有百害而无一利的。

4. 注重汉语意义

大部分学生在刚开始学习英语的时候过分注意词汇的汉语意思。这种学习方法在初学阶段比较有效，但是随着学习的深入、词汇量的增加、学习内容的增多、升学和学习内容的深入，这种方法会失去作用，让人感到身心疲劳。这时候记忆词汇成为学生学习英语的最大阻碍，学生对英语学习产生厌烦、恐惧的情绪，甚至直接放弃英语学习。所以，学生要通过关联信息、结合上下文来集合和学习单词，不能死记硬背。

5. 死记硬背

死记硬背是我国学生学习英语最经常采用的错误方式。这种学习方法已经被学术界极大的否定。大部分学生只是通过死记硬背的方式来进行单词记忆，没有掌握构词方式、利用语境学习单词的方法。这种学习方式是一种体力活动，不仅费时，效果还不明显。所以，在英语词汇学习的过程中学生要避免这种死记硬背的学习方式，掌握更多的学习方法，在理解单词的基础上长久记忆单词。

6. 忽视拼写联系

在进行词汇学习的时候，学生经常忽视字母对于单词的重要作用，没办法从词汇与拼写、发音等规律上建立联系，只是通过死记硬背的方式记忆单词，这种效果非常不明显。实际上，在英语的单词学习过程中，读音和字母之间有很大的关系，掌握其中的规律和规则能够有效地提高学习效率。

二、英语词汇教学基础知识

词汇基础知识虽然并非英语词汇教学的必选内容，但却是词汇教与学的基石。掌握这些基础知识有助于提升词汇教与学的效率，使教师"言之有理"，学生"有规律可循"。

英语词汇教学理论建立在英语形态学和语义学的基础上。英语形态学主要研究包括词素、词素变体和构词法在内的词的结构；英语语义学则重点研究词语、语言的意义。

（一）词素

词素是最小的音义结合体，也是词汇教学的基础。词素最大的特点是不能再被分割为更小的音义结合体。例如 unavailable 可以分为 un-，avail 和 -able，但这三部分却不能继续被细分。类似这样的最小的语义单位就被称为词素。一个单词可以由一个或者多个词素构成。

词素的语音形式往往由于其所处语境的变化而变化。如英语中表过去时态的词素（-ed），根据它前面语音的发音情况，-ed 可能产生以下三种不同的发音方式。

（1）如果前面的音素是 [t] 或 [d]，读为 [id]，如 spotted。

（2）如果前面的音素是不发音的字母或元音字母，读为 [d]，如 rolled。

（3）如果前面是不发音字母，读为 [t]，如 walked。

上述这些词素的不同形式叫作词素变体。

（二）词语的构成

词汇学习过程中，单词的记忆是最棘手的问题。然而英语词汇并非无规律可循，而是具有明显的构词规则。英语中大部分词汇是利用语言中已有的材料通过不同的构词方式产生的。掌握这些构词法对单词的记忆极为有益。下面介绍几种常用的英语构词法。

1. 转化法

转化法（conversion）是指把一种词性用作另一种词性而词性保持不变的构词方法。转化后的单词在意义上通常与单词原义有密切的联系。常见的转化法有以下几种：

（1）动词转化为名词。动词转化为名词可以表示一种具体的或在特定场合下表现出来的行为或动作，例如 Let's go out for a walk. 这里指散步这个概念；I think we'd better finish the talk now. 我想我们的谈话最好现在结束。本例中"talk"一词原本表示说话的动作，这里指说话这个概念。

（2）名词转化为动词。名词转化为动词是常见的转化法之一，使用范围非常广。例如 He is unwilling to face the reality. 他不愿意面对现实。本句中 face 一词本意为"脸"，这里将其用作动词，表示"面对"；Have you booked the ticket? 你订好票了吗？本句中 book 一词本意为"书"，这里将其用作动词，表示"预订"。

（3）形容词转化为动词。形容词转化为动词的用法也较常见，例如 Don't dirty your new dress. 别把你的新衣服弄脏了。本例中 dirty 一词原本意为"脏的"，这里将其用作动词，表示"弄脏"；We will try your best to better our living conditions. 我们要尽力改善我们的生活状况。本例中 better 一词本意为"较好的"，这里将其用作动词，表示"使之更好"。

（4）形容词转化为名词。

（5）形容词转化为副词。

（6）副词转化为动词。英语中有极少数副词可以转化为动词。

2. 派生法

派生法（derivation）是指通过在词根前面加前缀（prefix）或在词根后面加后缀（suffix），构成一个与原单词意义相近或截然相反的新词的方法。

（1）加前缀。加在词根前面的部分叫前缀。前缀一般只改变词义，不改变原词的词性。

①表否定意义的前缀有：a-、an-、il-、im-、neg-、in-、ir-、ne-、dis-、mis-、non-、im- 等，添加这类词缀常构成与原词意义相反的新词。例如：

symmetry 对称　　asymmetry 不对称

hydrous 含水的　　anhydrous 无水的

agree 同意　　disagree 不同意

employment 雇用　　unemployment 失业

understand 理解　　misunderstand 误解

②表示其他意义的前缀有：sub-、suc-、sur-（低，次，副，亚），anti-（反对；抵抗），extra-（超越；额外），co-（共同），en-（使），auto-（自动），inter-（互相），sub-（下面的；次；小），post-（在后；后），re-（再；又），tele-（强调距离）等。例如 enlarge（使变大），rewrite（重写），postwar（战后的），subway（地铁）等。

（2）加后缀。加在词根后面的部分叫后缀。后缀通常会改变单词的词性，构成意义相近的其他词性。而部分后缀不仅改变词性，还会改变词义，使之变为与原来词义相反的新词。

①构成名词的常用后缀有：-age（程度；数量）；-ence，-(e)r/-or（从事某事的人）；-ship（才能；状态；资格；品质）；-ess（雌性）；-ist（专业人员）；–ment（状态；行动）；-ness（性质；状态）；-tion（动作；过程），等。例如 coverage（覆盖范围），difference（区别），movement（运动，运转），actress（女演员），leadership（领导力），musician（音乐家），psychologist（心理学家）等。

②构成动词的常用后缀有：-fy（使化）；-en，-ize（使成为）；-ate（增加；使听写）。例如 beautify（美化），purify（提纯），ripen（使成熟），

realize（意识到），originate（引起；发明；创始）等。

③构成形容词的常用后缀有：-al，-able（有能力的）；-（a）n（某国人的）；-some（像样的；引起的；有品质的）；-ern（方向的）；-ese（某国人的）。例如 natural（自然的），American（美国的），troublesome（麻烦的），eastern（东方的），heroic（英勇的），childish（孩子气的），glorious（光荣的；显赫的）等。

④构成副词的常用后缀有：-ly（用于形容词之后表示方式或程度）；-ward（s）（用于表示方位的词之后表示方向）；-wise（按照方式）。例如 angrily（生气地），eastward（向东），weatherwise（善于预测天气的）等。

⑤构成数词的常用后缀有：-teen（十几），-ty（几十），-th（构成序数词）。例如 seven（七）—seventeen（十七）—seventeenth（第十七）等。

3. 合成法

合成法（compounding）是指把两个单词连在一起合成一个新词，并且前一个词修饰或者限定后一个词的方法。英语中有的词可以直接写在一起构成一个新词，有的则在词与词之间加上连字符构成一个新词，但关于这点并没有明确的原则，容易造成复合词与短语的混淆。一般根据重音区分复合词和短语：一般的复合词重音落在第一个词上，而短语中的词则有自己独立的重音。例如 greenhouse（温室）；green house（绿色的房子）；blackbird（山鸟类）；black bird（黑色的鸟）；Redcoat（美国独立战争时期的英国士兵）；red coat（红色的上衣）。

4. 截短法

截短法（dipping）是指在词义和词性保持不变的基础上将单词删减或缩写的英语构词法。其主要形式有截头、去尾、截头去尾，均是缩略原来词语中的部分字母，构成新词，这种词叫作缩短词（clipped word），例如 influenza—flu（流感）；telephone—phone（电话）；dormitory—dorm（宿舍）；omnibus—bus（公共汽车）；mathematics—maths（数学）；advertisement—ad（广告）；examination—exam（考试）；taxicab—taxi（出租车）等。

5. 混合法

混合法是指将两个词混合或各取一部分紧缩而成一个新词的构词法。混合法合成的英语单词前半部分表属性，后半部分表主体。例如 hand and writing—handwriting（笔迹）；motor hotel—motel（汽车旅馆）；down and fall—downfall（跨台）；breakfast and lunch—brunch（早午餐）；smoke and fog—smog（烟雾）；news broadcast—newscast（新闻广播）等。

6. 首尾字母缩略法

首尾字母缩略法是指用单词首尾字母组成一个新词的方法。通过首尾字母缩略法构成的单词的读音有两种形式：各字母分别读或作为一个单词读。例如 very important person—VIP（要人；大人物），Voice of America—VOA（美国之音），United Nations—UN（联合国）等是各字母分别读出来的词语; Testing of English as a Foreign Language—TOEFL（托福）等是作为一个单词来读的。

三、英语词汇教学的目标与内容

（一）英语词汇教学的目标

学生词汇学习是一个不断递进和循环的心理语言和语言技能发展的过程。英语词汇学习既有知识和技能量的要求，又有知识和技能质的目标。而相对于英语教学的其他教学目标而言，英语词汇教学的目标更为具体和明确，无论是中学还是大学的英语教学大纲一般都对词汇教学提出了明确的数量要求。

可以说，一个人所掌握的词汇量是衡量其英语水平最简单、最直接、最具操作性的方式。英语词汇量的多少是英语水平高低以及英语应用能力强弱的重要标准。对于不同的教学对象，在不同的教学阶段和不同的教学目标下，词汇教学可能确立不同的教学子目标。尽管词汇目标不同，但选择词汇的原则基本相同，即从使用频率高到使用频率低、从实用性较强到实用性较弱、从功用性能高到功用性能低等。按照这些原则即可做出一个最小词汇表，而任何一个词汇教学目标必然都是以这个基本词汇表为基础的。因此，这个基本词汇表是英语教学界一直以来关注的重点。

英语词汇还可进行细化分类。1979 年，福克斯（Fox）把词汇表区分为理解性词汇表和生成性词汇表，这是对语言学习者所掌握词汇很有意义的划分法❶。同样，词汇还可以被细分为听力应用词汇、口语应用词汇、阅读应用词汇、写作应用词汇等，相应地出现听、说、读、写四个词汇表。对于大多数我国英语学习者来说，阅读词汇量最大，口语词汇量最小。和积极词汇表与消极词汇表之间的转化规律一样，学习者的听、说、读、写四项技能中掌握的词汇也会根据使用的频率而相互转化。比如能在阅读中非常熟练驾驭的词汇可能逐步转化为在听、说、写中也能驾驭的词汇，反之亦然。就词汇量而言，一般在四项语言技能中使用最多的技能的词汇量也最大，使用最少的技能的词汇量也少。对我国学习者来说，能说能写的词汇一般也能听懂读懂，而能听懂读懂的词汇却不一定能说能写。因此，我国学习者在此四项技能上的词汇量现状是：阅读词汇量大于听力词汇量，听力词汇量大于写作词汇量，写作词汇量大于口语词汇量。

由于我国国内实际的英语语言产出需求有限，再加上我国传统的教学模式过分注重知识和技能的传授等原因，我国英语学习者听、说、读、写词汇量之间形成了重接收、轻产出的普遍现象。大部分学习者都采用接收式的学习，在读和听两项技能上的投入远远大于在说和写上的投入。这种学习方式导致了学生掌握的消极词汇即理解性词汇远远大于积极词汇即生成性词汇。这一点可从四项技能的包含关系上看出。

另外，长期以来我国英语教学普遍比较重视读写教学，包括高考在内的各种全国性和国际性英语考试中阅读和写作所占分值较大，再加上口头语教学需要较大的教育支出，最终造成了我国的英语教学以书面语技能为

---

❶ 许辉.基于人本主义理论的大学英语分层教学实践探索 [J].教育评论，2018，231（9）：127-131.

主的现象。大部分英语学习者主要学习英语书面语技能，即主要通过读和写来学习英语，而很少接受听和说的训练。这就造成了其英语阅读和写语技能驾驭的词汇之间的关系较弱。

词汇表的分类有利于确立具体的、不同的词汇教学目标，满足不同英语教学的需要，但这些词汇表都只是确定了英语教学中关于"量"的目标。英语学习者所掌握的英语词汇量只能说明其对英语词汇的认识广度，却无法说明其对这些词汇的认识深度。因此，在讨论英语词汇教学的目标时，必须要在确立掌握英语词汇的数量目标的同时确立掌握英语词汇的质量目标。

（二）英语词汇教学的内容

英语词汇教学的内容应该包括以下几个方面。

1. 词音与拼写

词汇学习之初，掌握单词的读音和拼写形式是掌握一个单词的基本。这是因为，语言首先是有声的。不掌握语音就听不懂、读不懂、不会说。可以说，掌握词语的声音、形象是完全掌握一个单词的前提。准确和深刻的声音形象有利于学生识记单词，因此，语音教学中必须注意对单词进行严格的声调训练。另外，词汇教学必须将语音和词义结合起来。教学初级阶段，教师应尽量使用直观手段和情景揭示词义，使词音和词义结合，让学生听音会义。当学生的注意力集中于词的发音时自然加深了对词音的印象。在听音的基础上，教师可训练学生读音。通过听和读，耳朵和眼睛的综合利用，学生能够更加准确、熟练地掌握词音。这就实现了音、义、形相结合的教学原则，不仅有助于识记单词，还有助于学生听、说、读、写等各项能力的提高。

2. 词形与结构

语言除了声音的一面，还有文字的一面。词形教学引导学生观察词的构造特点，通过对英语词汇的构词特征分析，掌握词的语法特点、变化规则以及词义。英语中的词汇一般包含词干、前缀和后缀等组成部分，了解这些词的结构有助于学生理解、记忆和掌握这些词汇。例如 neighborhood 一词由 neighbor（邻居）和 –hood（圈、界、团体）组合而成，学生通过对这两个词意义的掌握可推测出 priesthood 一词的含义是"僧职、神职"。类似这样的词汇结构以及构词法在英语教学中具有重要的意义。

3. 词义与用法

（1）词义教学。

①词的意义。一个词语往往含有多种意义，认为词汇的意义就是词典里面所显示的意义的观点那就大错特错了。词语除了其表面含义以外，还有深层的引申含义，或因文化差别而存在褒贬含义。例如 dog（狗）在汉语中是指一种常见的家养动物，更多的是表示负面意义；而在英语中，dog 往往意味着"友谊和忠诚"，这一点和汉语意义是大不相同的。

1981 年，利奇（Leech）把词的意义分为七种不同的类型：概念意义、内涵意义、情感意义、社会意义、搭配意义、反映意义和主题意义，并将内涵、风格、情感、反映和搭配五种意义统称为联想意义。除了上述意义以外，每个单词还具有不同的语法特点，如名词有可数与不可数之分，可数名词有复数与单数之分；形容词有原型、比较级和最高级之分；动词有导致词形变化的时态和语态之分。而词汇的上述变化也存在规则变化和不规则变化之分，其中那些不规则变化的词汇是学生掌握的难点，也是词汇教学的重点。另外，词汇的使用也体现着许多语法的特征。如 want 后面经常接动词不定式，enjoy 后面经常接名词或动名词作宾语等。由此可见，词汇的语法意义是其得以构成一个完整的、意义清楚的句子的基础，其作用不容忽视。

②词义关系。词与词之间的语义关系对于英语词汇教学来说具有重要的意义。熟练掌握一个单词与其他词汇之间构成的同义关系（synonymy）、反义关系（antonymy）、上下义关系（hyponymy）、一词多义关系（polysemy）、同形同音异义关系（homophony）五种关系有助于学生更好地理解词语的意义，更准确地使用这些词汇。

③词义教学的方法。词义教学在英语教学中占有重要地位。总的来说，英语教学中词义讲解的方法主要有三种：一是直观讲解。直观讲解是指教

师利用实物、图画、模型、动作、表情等手段讲解词义。直观讲解能够增加师生互动的机会，活跃课堂气氛，吸引学生注意力，创造良好的学习环境。直观讲解法要求用学生已经掌握的句型教授新词，这就使学生的注意力完全集中到所教的词语上，并能通过熟悉的句型推测生词含义。二是汉语释义。当新词的含义比较抽象，很难用直观讲解法表述时，教师可采用汉语释义法。汉语释义旨在通过汉语讲清和汉语不等值的英语词，既能够达到教学目标，又节省了教学时间，提高教学效率。三是英语释义。当学生掌握了一定数量的单词和句型之后，教师应尽可能利用学生已经掌握的词汇和句型解释新词含义，或引导学生根据上下文推测新词词义。英语释义有助于促进学生的积极思维，巩固学生之前学习的内容，提高学生学习新词的能力。

在英语词汇教学过程中，以上教学方法常常是混合或交替使用的。教师应根据学生的英语水平、教学阶段的特点以及词汇本身的特点来决定具体使用什么样的讲解方法。

（2）词的用法。

①词语的搭配。词汇并非单独存在，而是在具体的语境中和其他词语构成搭配而形成意义。词汇的搭配是英语词汇教学的重要内容。例如conclusion 经常和 cometo 搭配，而 decision 经常和动词 make 或者 take 搭配等。词汇的搭配是我国学生词汇学习的难点，但由于其重要意义，它也应成为词汇教学的重点。

②用词的得体性。用词准确、得体是词汇运用的关键。有些词语的使用范围广泛，而有些词语的使用范围非常狭窄；有些词属于口语体，有些词则属于正式体。如果不了解这些差别，往往造成词语使用不当，从而导致语言交际的失败。因此，用词得体是词汇教学的另一个重要内容。词语教学需要使学生能够判断一个词在某一个具体的语境下使用是否得体。例如 weep 和 cry 的概念意义基本相同，但 weep 却比 cry 更加正式，并多用于书面语中。

四、影响英语词汇学习的因素

从学习者自身来说，英语词汇的学习能否达到预期目标主要取决于学生的母语、与英语的接触程度、学习的年龄、学习英语词汇的动机、学生的语感能力、逻辑思维能力、对英语的认同程度等方面。下面对此一一解释说明。

（一）母语

在第二语言学习过程中，学习者的母语词汇系统对第二语言的词汇系统有着直接的积极或消极的影响。由于汉语和英语属于不同的语系，二者在发音、语法以及词汇的形态上存在极大的差异。因此，汉语词汇对我国学生学习英语词汇来说，有着明显的消极作用。这种消极作用存在于汉字与英语单词多方面的区别上。如汉字是由象形文字演化而来，由不同的笔画组合而成的表意文字；而英文则是表音文字，其单词的形态由字母组合而成。可见，汉语和英语之间没有丝毫相似之处，并且在词义的聚合、组合及其语义场上的区别也处处可见。而对于法国人和德国人来说，他们的母语则对他们学习英语词汇有着明显的积极影响。这是因为法国、德国与英国之间存在一定的历史渊源，法语和德语有很多词汇与英语词汇在词形和语义的聚合、组合以及语义场方面相同或相似。

（二）语言接触

词汇学习的效果和接触目的语的频率有关。与目的语的接触越多，暴露在目的语的影响下的时间就越长，对学生学习目的语词汇的促进作用越明显。这种作用一方面表现为对单词的意义、用法等更多了解和掌握，另一方面表现为对目的语语感和语言直觉的加强。而语感和语言直觉的加强，必然有助于学生正确选择和使用词汇。总的来说，大量接触英语有助于学生快速有效地掌握英语词汇。

（三）年龄

成年人在学习英语词汇时倾向于显性的学习方法，即通过语义的逻辑性、系统性等方法和理性的学习策略来学习词汇。然而，儿童学习英语词汇则恰恰相反。儿童倾向于隐性的学习方法。一般来说，年龄越小就越倾向于隐性的词汇习得，越依赖直接的语言接触，越喜欢形象生动的图画、色彩、动作等趣味性较强的教学手段，越擅长记忆、背诵、直觉等手段，越依赖感性的学习模式。

除了学习方式的差别以外，在不同年龄阶段，母语词汇对目的语词汇的学习影响也不同。对我国学生而言，年龄越小，母语的负面影响越小，反之则越大。因此，年龄对学生学习词汇的影响也不容小觑。

（四）学习动机

学习动机是影响学生学习词汇的重要因素之一。词汇学习动机可分为两种：一种是消极动机，以交际成功为目的，只要不影响交际的正常进行，能够达到交际目的即可，很少关注词汇的使用是否恰当。这种动机下的学生在学习词汇时常常粗枝大叶，得过且过。另一种是积极动机，以融入目的语文化为目的，追求词汇的尽善尽美。这种动机下的学生常常努力使自己的言语优美正确。显然，培养和巩固学生积极的词汇学习动机对学生的词汇学习大有帮助。

（五）语感能力

语感能力是人们天生或后天形成的一种对语言的直觉，表现为对语言的一种自然的亲和力、吸收能力、模仿能力、应用能力以及灵活的创造能力。良好的语感有助于学生记忆和理解词汇，能够使学生在即使不熟悉的词语当中也能选择和使用正确的词语。因此，帮助学生开发和发展语感能力对学生更多、更好地掌握英语词汇来说极其重要。

（六）逻辑思维能力

语言是一个庞大的逻辑系统，语言的逻辑离不开语义上的逻辑。一个句子只有在语义符合逻辑的情况下才可能成立，并被人们所接受。而在语法正确以及词汇选择恰当和应用准确的前提下，语义是否符合逻辑不仅取决于语义客观上的逻辑，还有赖于语言活动参与者的主观逻辑思维。英语学习者的逻辑思维能力与英语词汇学习和应用有着密切的正相关关系。因此，有意识地开发和培养英语学习者的逻辑思维，对学生学习和掌握词汇具有较大的帮助。

（七）认同程度

所谓认同程度是指英语学习者对所学语言文化的情感态度，即对目的语文化是持认同、接受、欢迎、欣赏等积极的情感态度，还是持反抗、抵制、回避、厌恶等消极的情感态度。显然，积极的情感态度有利于英语词汇的学习，而消极的情感态度不利于英语词汇学习。为提高学生英语词汇学习的效率，教师还应帮助学生建立对英语国家文化的认同感，以刺激学生学习英语词汇的兴趣。

总的来说，在英语词汇教学过程中，教师可以根据具体情况对学生在上述七个方面进行积极的引导，使学生自身的各项因素都有利于英语词汇的学习。

五、当代英语词汇教学的主要策略

（一）呈现策略

词汇的呈现内容包括意义、信息、用法等。不同的内容信息对呈现技巧的要求不同。呈现词义的常见方式有：实物、图片、图式、手势、定义、构词法、上下文、列表、问答、语义图等；呈现词汇结构和用法的常见方式有：同义词/近义词、反义词、上下文、举例、解释、问答、结构图等；策略的呈现一般要通过向学生介绍策略或演示策略使用的方式来呈现，使学生产生自主的词汇学习策略。常见方式有：推理、类比、归类、猜测、记笔记、查词典等。总的来说，词汇呈现的最佳方式主要是和语境结合，并适当进行总结和归纳。

1. 直观性呈现

直观呈现的方式多种多样：可以利用实物、图片、手势等展示词汇的意义，如 tree，flower，book，bike，phone，bird，paper，window 等；可以利用动作和表情来解释词义，如 happy，sad，angry，eat，drink，sleep，talk 等；可以利用图片、简笔画、投影仪等直观教具和多媒体设备展示词汇意义，如 fly，house，school，animal，supermarket 等；还可以把单词用线标形象地画出来。

2. 情景性呈现

词汇并非孤立存在，需要在一定的语境中才能产生特定的含义。所以，对一个词汇进行学习，不仅要掌握词汇的拼写，而且要对其用法和在句子中的作用及地位进行了解。词汇学习的初步工作首先是认识和掌握词汇，其次最为有效的方式是扩大词汇量。不过这个过程需要和具体语境进行结合才能达到学习目标，若没有具体语境的支撑，词汇量掌握得再多也没有多大意义。所以教师在进行词汇教学时需要引导学生对单词进行理解和认识，并将词汇放在具体的语境中来让学生掌握语言规则和使用特点，这样才能帮助学生掌握词汇。

3. 趣味性呈现

对于学生，只有对英语产生兴趣，才有可能学好这门课程。教师在教学中注重趣味性的呈现具有非常实用的意义，能够有效地吸引学生的注意力，提高学生的专注力，让词汇展示获得学生的积极参与，为学生学习创造相对宽松和愉快的学习氛围。所以，教师要尽可能地增加词汇教学活动的趣味性，以此来保障学生学习的热情和积极性。

4. 总结性呈现

呈现策略有两个层面的内容：一是初学词汇时的语言呈现，二是词汇巩固时的归纳和总结。而且在学生习过程中容易遗忘也成为学生最大的学习阻力。所以，教师需要进行时段性的复习和总结，这样才能加深学生记忆，提高学习效果。

（二）记忆策略

语言学习中的基础是对词汇的掌握。词汇是语言的基础单位，这决定它在语言学习中的重要性。如果词汇量达不到一定程度，英语学习无法达到预期的目标。不过，词汇遗忘率大也成为词汇学习的头号难题。教师在面对这个教学难题时需要结合一些策略，让学生可以不断地巩固已学会的词汇来加深记忆。这需要从人体大脑的记忆特征和规律上下手。在记忆词汇的过程中，学生的主动参与能够有效地提高记忆的时长和巩固记忆，通过掌握单词的语义和用法来学习英语效果会更好，也更轻松。

1. 大脑与记忆

（1）大脑的记忆规律与特点。记忆一般分为三种情况：一是瞬时记忆；二是短时记忆；三是长时记忆，又分为保持记忆和永久记忆。学生进行词汇记忆最终是为达到永久记忆，并在记忆的基础上进行用法和语义的相互联系，形成词汇之间的新联系。所以，教师在教学过程中要以注重促进学生的长时记忆为主要目标。

（2）大脑的遗忘规律。大脑具有惊人的记忆力，然而遗忘又是普遍存在的现象。德国著名心理学家赫尔曼·艾宾浩斯（Hermann Ebbinghaus）发现了记忆的遗忘规律，他认为，学习结束之后遗忘现象就已经开始出现了，而且遗忘的进程并不是均匀的：最初遗忘速度很快，之后逐渐缓慢。艾宾浩斯认为，保持和遗忘是时间的函数，并根据他的实验结果描绘出遗忘进程曲线，即著名的艾宾浩斯遗忘曲线。

遗忘曲线图告诉人们，学习之后如果不抓紧复习，一天后就只剩下原来的 25%。遗忘的速度和数量也会随着时间的推移而有所放缓和减少。

了解了大脑的记忆和遗忘规律，教师就可以在此规律的基础上改进授课方式，以灵活多样的方式呈现单词、讲解单词，刺激大脑、加深感知印象，为长时记忆打基础。学生也可以运用这个规律对短时记忆进行转换，使其成为长时记忆。

总而言之，记忆规律的一个重要原则是重复。所以，重复记忆是完成词汇学习的一个重要途径。对单词进行记忆的方法多种多样，不过不管是什么样的方法，都需要建立起词汇之间的联系。这样可以高效地在相对独立的单词间建立起音、形、义和用法的联系，让记忆成为一个网络结构。想让学生在词汇记忆上有所提升，教师需要下意识地对其记忆进行强化训练，把握记忆规则和遗忘规律等。

2. 词汇记忆的特点

词汇记忆过程中不但会受记忆和遗忘规律的影响，而且还具备其他一些特征：

一是在记忆词汇时，学生通常擅长在单一形式或者单一功能中建立连接，即在进行词汇教学的过程中尽量避免多种功能多种形式的混合教学法。

二是相对于集中记忆效果，分散记忆的效果会更甚。分散记忆的意思是，同样的60分钟学习时间，分成每次10分钟一共六次的学习效果通常要高于一次性学习60分钟。

三是学生的智力和情感的主动投入会影响记忆的效果。只追求记忆速度的方法不可取，所谓欲速则不达，所以只采用大声朗读或者听来记忆单词的收效非常小。

四是词汇的记忆效果会受学生的兴趣爱好和需求的制约。通常，学生在记忆需求不大、不感兴趣的词汇时容易出现敷衍了事的心态，这不利于词汇的掌握和记忆，而且往往是短时的记忆。

五是学生的活跃度会影响词汇记忆和学习的效果。学生的活跃度和词汇的有效记忆成正比。所以，激发学生学习词汇的兴趣和自主性是非常有效的一种词汇教学方法。

六是学生在词义相同或者相近的词汇中容易产生混淆。所以辨别同义词也是词汇学习的一个关键。

3. 词汇记忆的方法

以上主要是针对英语词汇的构词特点和记忆、遗忘规律进行阐述，以此总结出以下几种记忆单词的方法。

（1）阅读记忆法。通过阅读来创造真实的语境，为词汇记忆和联想提供依据。通过调查发现，语境学习是一种非常有效的词汇学习、记忆方法。通过创设学习语境，能让学生获得和目标词汇相通的空间、价值、功能以及时间等有效的信息。根据这些信息推测目标词汇的词性和意义，并把握目标句子和相邻句子之间的联系，以此来学习和记忆目标词汇。所以，阅读的意义是为词汇记忆和学习提供相关的语境，让学生理解词汇意义。特别需要注意的是，精读记忆策略和泛读记忆策略均属于阅读记忆策略。精读记忆策略是一种下意识的、目标非常明确的记忆；而泛读记忆策略更多的是体现一种无意识记忆，是为对词汇和语法进行巩固时所采用的方法。

（2）兴趣记忆法。兴趣的培养有利于促进学生的学习效果，让其自主地参与到学习当中。所以，对学生学习兴趣和积极性的培养也是词汇学习的一个重要途径，为学生创造一个相互轻松愉快的学习氛围，让学生自觉地去学习和记忆词汇。

（3）拆词记忆法。该记忆法是基于学生对词根、词缀和构词有一定的认识和了解的前提下，是针对语言水平达到一定程度的学生所进行的一种记忆方法。它需要学生对词汇意义的认知可以通过英语构词习惯来完成，并需要学生有两方面的技能：一是可以将生词分成词缀和词根两个部分，二是可以根据词缀和词根的意义来组成新的词汇的整体词义。

（4）联想记忆法。这是一种在思维上建立联系的记忆方法。从认知心理学角度来看，词汇的记忆和存储有非常密切的联系，可以运用联想来完成。对词汇进行联想记忆可以具体地运用以下几种方法来完成。

①话题联想。每一个语篇会针对一个主要话题，而这些话题里面会包括一些共有的词汇。不同的话题，对词汇会有不同的要求；同时话题的不同，其词汇的含义也会有一定的差异。而且单词的使用语场、语域均会受话题的影响，并对语言风格起到决定性的作用，这样才能体现出用词的恰当和合理。利用话题联想的方法来对单词进行记忆，不但能够帮助学生更好地掌握语篇表达能力，而且还对学生准确、恰当地用词有积极意义。

②横向联想和纵向联想。词汇之间存在横聚合关系和纵聚合关系，即横向联想和纵向联想。横向联想是指根据单词共现搭配功能进行联想。所

谓共现指与某一个单词同时出现在一个语境中的词汇，包括名词与形容词的搭配、动词与介词的搭配等，掌握横聚合关系有助于提高学习者词汇搭配的能力。如听到 food 就应该能够联想到 bread，apple，water melon 等，而看到 apple 就会联想到 red 等。搭配的共现包括名词与形容词的搭配，动词与介词的搭配等，如 hand someboy，wait for 等。纵向联想是指依据句中词汇的纵向关系展开联想。纵聚合关系中相同结构、相同句法功能的词汇有替换关系，掌握词汇的纵向关系有助于提升词汇表现力，使表达更加灵活。日常教学中的替换练习依据的即是词汇的纵向联想关系。

③相似、对比与包容联想。相似、对比与包容是指词语之间的意义关系。相似包括词形相似和意义相似，包括同义词、近义词，也包括同源词和谐音词；对比主要指反义关系；包容指部分与整体的关系，从属关系和上下义关系。教师可通过展示一组反义词或近义词加深学生对词语的印象。如学生看到 horrific 就会联想到其近义词 horrible，看到 frustrated 就会想到其反义词 successful 等。

（5）猜测记忆法。当学生掌握尽可能多的词汇量后，对不熟悉的新词意义的理解可以通过一定的学习技巧来推测。猜测记忆可以通过五个步骤来完成：一是确认生词的属性；二是了解上下文语境，标注生词；三是对句子关系进行认定；四是基于以上三个认识进行词义推测；五是检查和确定推测结果。特别要强调的是，这种方法只适合在学生有较大的词汇量且掌握得非常好的情况下采用，而且需要长期的实践验证才能达到较好的效果。

（三）训练策略

1. 指导思想

词汇教学的一个重要内容是词汇训练策略。在进行词汇训练的时候要坚持以下两个指导思想。

（1）以实践为核心。实践是词汇学习过程中不可或缺的部分。学生需要通过实践才能正确地理解词汇表达的意义和使用的形式。但是，如果一味过度地要求词汇量的提高是不行。这样会导致学生通过死记硬背的形式来记忆单词，对单词没有更深入的了解，记忆速度很快，但是忘记速度也很快。这是由于错误的教学方式导致了一种错误方法。学生如果不能理解词汇表达的意义，只是通过死记硬背进行学习，形成的只是短期的记忆能力，无法保持长久地运用，更无法将所学的词汇运用和搭配在所学的知识中。在对话、阅读和写作过程中，部分词无法运用。所以，词汇教学过程中，教师要将词汇学习融入实践中，以此来提高学生对词汇的理解能力和使用能力。

（2）利用相关短语、习惯用语进行搭配训练。在词汇学习的过程中，单纯以记忆的方法来掌握词汇不牢靠，还要将其与相关的习惯用语和短语进行搭配使用。通过这种实际运用的形式帮助学生在听、说、读、写和翻译中运用词汇，将词汇放在词组和句子中来理解。特别是在写作和口语练习过程中，学生如果只注重词汇的读音、拼写和意思，不掌握它的搭配规则，很难写出正确的句子。

在词汇搭配规则中，除动词外，还包括对名词和介词、名词和形容词、动词和副词、动词和介词之间的搭配规则。很多学生在学习过程中不注重掌握词汇搭配规则，在英语表达过程中会无法表达观点。所以，在词汇教学的过程中要注重对学生词汇搭配能力的提升，以此来提高学生的表达能力，提高学生对于词汇和搭配的理解力。

2. 训练方式

词汇学习最关键的环节是词汇的训练。学生如果只是记忆单词没有进行运用，不能很好地将所学的知识进行巩固，更无法真正理解和掌握单词的意义和用法。所以，教师在教学过程中要根据词汇的特点和实际运用情况，对学生开展有针对性的词汇运用活动。

如果按照训练的目的，可以将词汇训练分为两种类型：第一种是为更好地理解、记忆单词并运用而展开的训练；第二种是利用关联法对所学单词进行的学习训练，包括利用词组、词类等方式进行的分类、按照复合词、缩略词进行的分类、按照同义词和近义词进行的归类等。这两种训练方法能够帮助学生加深对所学单词的记忆和理解。

（四）复习巩固策略

1. 单词复习的原则

复习也是词汇学习中不可或缺的关键之一。复习能够加强记忆，并形成长久记忆。在词汇的复习中有以下几个原则：

（1）及时性原则。人脑的记忆能力有限并遵循一定规律，忘记是一瞬间的事情。所以，想要避免忘记和找到忘记的单词需要定时进行复习，并且这种复习不能等到已经忘记才开展，应该在学习之后忘记之前进行及时复习。

（2）长期性原则。形成长久记忆需要长期的过程，词汇的复习也要经历长期的积累，需要对复习进行长期和系统的规划。间隔一段时间要开展一次复习。

（3）多样性原则。教师要讲究多种多样的复习方法，要通过兴趣引导来调动学生对学习的积极性，并通过多种直观化、场景化和自动化的设备来辅助教学。

（4）延伸性原则。复习除复习本来的东西，还应该在这个基础上进行词汇和知识的扩展，并以此来加深和提高所学知识，要把所学的词汇通过实践的方式来进一步提高对英语词汇的综合运用能力。

2. 单词复习的方法

（1）语义关系复习法。该复习法共有 5 种：①利用聚合关系和组合关系复习词汇；②利用词语概念的上下义关系复习单词；③利用同义关系记忆单词；④利用概念全体与部分的关系记忆单词；⑤利用构词法复习词汇。

（2）游戏复习法。该复习法共有 4 种：①字母接龙游戏，每条横线表示填一个字母，每个单词最后一个字母同时也是下一个单词的首字母；②猜谜记单词游戏；③找词游戏，在一个词或一串字母中找出尽可能多的词汇；④配对成词游戏，将一组词语分成两个部分排成两列，让学生连线加以组合。

（3）歌曲复习法。歌曲是人们喜欢的放松方式，通过歌曲记忆单词可以有效降低学习者对词汇学习的抵触情绪，提升学习效率。另外，歌曲复习法不局限于使用现成的歌曲，教师和学生还可以将所学词汇编成歌词唱出来，这样就使词汇复习既轻松愉悦又容易巩固。学生可以一边唱歌，一边做动作，从而巩固所学的新词，激发记忆单词的积极性，优化记忆过程，提高记忆效果。

（五）评价策略

对学生评价是了解学生是否掌握知识的一种手段，可以从八点来进行评价和考查：发音的正确与否；拼写是否得当、词性掌握是否到位；词汇的形式是否能够辨别；对词汇记忆和运用是否自如；是否能够将所学词汇与其他内容进行关联；是否能够熟练并很快识别所学词汇；是否能够合理运用所学知识；是否能够合理搭配所学词汇。

第三节　英语语法教学

语言中的语法是非常重要的一部分，保障了语言的传承性和稳定性。近几年，国际上开始通过哲学的角度来分析语法在语言中的作用，这主要是互动语言学的发展导致。语法属于社会生活组织中的一个系统，它与人类的行为组织密不可分，它所具有的完整性在日常互动中具有重要的作用。语法的现象是一种对情景运用的模式审核，语法的结构和人类情景化的行为相互作用。语法能够促进人们之间的互动和交流，能够促进二者的协调发展。因此，在当代英语教学中，对语法教学的研究不可忽视。

一、英语语法教学的发展

在过去的很长时间内，我国的英语语法教学由于教学环境和语法翻译的影响，将教学重点放在语法上，忽视对语言技能的教学，造成学生的说、读、听、写能力无法得到提高。这个时候英语教学仅是一种学习的目标，所有的语法结构被拆分之后直接教授给学生，学生只是简单地进行模仿和记忆，再通过反复复习和训练来巩固语法知识。尽管这种教学方式产生了一定的教学效果，但是它让英语学习课程失去趣味性，并压抑了学生的创造性，教师和学生在学习之余能够发挥的空间很小。所以，传统的英语语法教学具有刻板、不灵活的缺点。

在20世纪90年代，全球开展对英语教学课程的改革，强调学习方法的转变和创新。新型教学模式的引进刺激我国教学环境的改革，我国依据实际情况进行了一系列的创新和变革，推动英语教学的发展。不过，英语语法是一种知识性的课程，在学生能力培养的环境中，如何将语法知识和学生语言能力的学习结合起来，如何开展现代学生喜欢的教学活动，是亟待解决的问题。

我国的教育模式针对语法的教学可以用"五重"和"五轻"来归纳："五重"是对知识传授、内容讲解、书面练习、语法分析、规则掌握这五个方面进行重视；"五轻"是指在教学过程中会忽略技能训练、反复练习、口头训练、语法使用、实例分析这五个方面。

这些问题的产生主要有两个原因：

第一，大部分英语等级考试过分强调语法的作用，并且规定死板。在实际交际过程中可以使用的语法规则有些在试题中会被判为不符合规范，这导致教师和学生在语法的教学和学习过程中要投入很多的时间和精力，有些时候甚至要非常仔细地辨别语法的细微区别。

第二，语法翻译一直占据英语教学的核心地位，但是它并没有全面理解语法，只是将其作为一种语言的规则和知识来运用，甚至认为语法是词形的变换和句子的组成部分，没有体现出语法的交际能力，只是把语法作为检验语言的一种方式，没有将其视为推动语言发展的方法。

语法教学要注重实践，更要注重技能。与此同时，对学生的思路引导也非常重要，针对语法的学习，不能要求学生过分进行思辨。学习语法的目的要明确，要将其作为学习的桥梁，搭建起语法和其他语言学习的联系。此外，在分析自身错误的时候，不能将某些形式上的错误归类于语法的问题，不能让学生养成抠语法的习惯。教师要通过外在的错误认识到内在的本质，要注重对语感的培养，要引导学生多实践，利用实践经验来解决语法中出现的错误❶。

二、英语语法教学的目标与内容

（一）英语语法教学的目标

在《英语课程标准》中将语法规定为三级：二级、五级和八级，并做出下列解释。二级目标为：①清楚名词有单复数形式；②清楚主要人称代词的不同；③知道形容时间、地点和位置的介词；④清楚在不同情况下动词在形式上会有变化；⑤知道英语简单句的基本形式和表意功能。五级目标为：①知道常用语言形式的基本结构以及常用表意作用；②领悟并会运用描写人和物的表述方法；③领悟并会运用描写某些事件和某些行为的发生、发展过程的表述方法；④初步掌握描写时间、地点、位置的表述方式；⑤理解并会运用比较人、物体及事物的表述方式；⑥在实际运用中了解和掌握语言形式的表意功能。八级目标为：①越加理解并可以熟练运用比较人、物体及事物的表述方式；②越加理解并可以熟练运用描写时间、地点、方位的表述方式；③运用合适的语言形式描写以及表述观念、立场、感情等；④理解、掌握基本语篇知识并可以依据特殊目标有效地组织信息。

（二）英语语法教学的内容

英语语法的主要内容可以概括为两个方面：词法和句法。

词法又划分成两种：构词法和词类。构词法是关于不同的词缀和词的转化、合成、派生等问题。词类又被细分成静态词和动态词。静态词包含名词、副词、形容词、数词、代词、介词、冠词、连词、感叹词等。静态词也不是一直没有变化，例如名词会有数、格、性等改变，形容词会有比较级和最高级的改变。动态词包含动词和直接与动词关联的语态、时态、情态动词、助动词、动名词、不定式、分词、虚拟语气等。

---

❶ 薛原. 形成性评价在中等职业学校英语教学中的应用初探 [J]. 科技经济导刊，2018，26（30）：187.

句法基本可以分成句子分类、句子成分、标点符号三类。句子分类可以根据句子的目的分成陈述句、祈使句、疑问句、感叹句，还可以根据句子结构分类分为简单句、并列句还有复合句。句子成分一般包含主语、谓语、定语、宾语、表语、状语、同位语、独立成分等；与句子相关的内容还包含主句、从句、省略句等。句法学习还有不规则动词、词组的分类、功能等内容。

三、英语语法教学的原则

语法教学同样十分有必要，但是不是必须为此开设专门的课程，而是应该将语法教学融入进平时的英语教学中。根据前文描述的英语语法教学的内容和现实情况，语法教学应服从以下几个原则。

（一）动机原则

动机保证所有教学活动的顺利进行，语法教学也一样。在如今大多数学生没有兴趣学习语法的大环境下，动机的激发在语法教学中变得更加重要。

教师在激发学生动机时需要注意以下因素：

（1）根据学生的年龄、认知水平还有语言能力选定合适的话题。

（2）为学生创造情境，尽力提供给学生如幻灯片、图片等视觉物体。

（3）让语法练习更加开放。语法练习多为控制机械练习，学生对于这种练习一般很难提起兴趣。人的基本需求中包含自由和自主，因此如果同意学生可以根据自己的意愿开展活动，学生自然会对语法练习提起兴趣。

（4）形式与意义相结合。语法练习一般侧重语言形式，这也是为什么学生一直对语法练习没有兴趣的原因。语法练习不能只是着重意思的传递表达，还要建设一个信息沟，激发起学生的兴趣，进而让学生在参加活动时获得信心。

（5）充分展现个性化。因为活动的来源是学生的自身经历、学生的情感以及学生的观念，所以具有个性的活动可以帮助学生的真情实感去交流，在思想交流之中内化语言规则。

（6）练习活动需要使学生感觉到一定程度的紧张。人们一般会对一些具有挑战性的活动有更多的兴趣。这意味着练习活动的难度不可以过低，才能使学生产生一定的紧迫感。

（二）效率原则

课堂活动的良好展开为语法教学的有效性提供保证。这些活动除可以激发学生的兴趣外，还需要有以下特点：

（1）明确目的。语法活动的目的不但可以是语言层面的目的，还可以是超语言层面的目的，比如订购机票、计划旅行、访谈、解决问题等。然而语言层面的活动通常会使课堂活动变得枯燥无趣。语法练习的目的应该是信息和任务，让学生使用学习到的语法知识完成布置的任务。

（2）选择不同种类的活动。变化不但可以调节教学，也是学习的"调料"。因为学生的学习水平不同，课堂上应该选择不同的活动，使不同水平的学生都可以学到知识。另外，种类单一的教学活动也会使学生对语法课产生厌恶情绪。

（3）鼓励学生参加活动。为提高学生的参与度，可以选择两人活动或者小组活动的方式。

（4）保证练习的有效性。语法教学与其他教学不同，需要确保学生可以准确地使用学习的语法规则。想要确保练习的效率不能只是依靠纠错，在纠错后要有充足的机会可以使学生感觉到成功的快乐。这种快乐可以提升学生的自信心，形成轻松的课堂氛围，增加学生对语法课的好感。

（5）练前准备。练前准备是指真正开始语法练习前有展示时间和解释时间，在学生弄清学习的语法概念后才能够进入语法练习阶段。

（6）课堂评估。课堂评估是指评价学生的学习成果以及评价教师的课堂教学效果。语法课堂通常会在课程结束前进行语法测试类的检验考核。

（三）循序渐进原则

循序渐进原则是语法教学中一定要服从的原则。英语语法分为不同层次，英语语法教学应从低层次开始，而后再向高层次螺旋上升。但是在学生学习一定语法知识后，不可以依据这种模式教学，而是应该依据学生具体的学习情况，进行一定跳跃或者侧重，或者循环。事实上，语法项目以及语法层次在纵向和横向方面均有很多延伸。所以，纵向语法教学应该遵从由易至难的顺序，在横向上可以根据学生实际掌握语法知识的程度确定教学顺序，进而提升学生英语"编码"与"解码"能力。

（四）交际与针对性原则

语言为交际提供服务。真实的语言水平是在交际活动中锻炼并展现出来的，所以在语法教学中应该着重于交际部分。

针对性原则是指对于学生的语法中较弱的部分有目的性、有针对性地进行教学。班级与班级之间的水平不同，一个班级内的学生与学生的水平也不同。教师在教授语法水平较高的学生时，不需要依据"讲解—操练—交互活动—针对性讲解"的次序进行，可以直接开展巩固性的交互活动；然而针对语法水平较低的学生，需要先了解大部分学生的语法水平，再针对普遍的语法弱项进行统一讲解。

（五）英汉对比原则

我国的学生在学习语法的过程中经常会被汉语影响，但是英语语法和汉语语法两者有很大不同。简而言之，英语多为长句，汉语多为短句；英语注重结构而汉语注重语义。对于句子结构，西洋语言为法治，我国语言为人治。正是由于这个原因，英语只要结构上没有错误，可以在一个长句中表达很多意思；汉语则是完全相反，字词可以直接表达语义，不同的意思需要使用不同的短句来表达。所以，在学习英语语法时需要注意这一情况，使用对比的方式，让学生可以明显地感觉出汉语与英语之间的不同，以增强汉语对英语语法学习的正迁移效果，帮助学生理解与掌握英语语法知识。

（六）实践性与多样性原则

语言学习，离不开实践和反复练习。以行为主义学习理论为基础的听说法认为，英语学习基本上是一个形成习惯的过程。形成习惯的过程，按行为主义的解释就是，当对刺激的正确反应一直受到奖励，习惯就形成了。其他流派也从不同角度提出了练习在培养言语能力中的作用。因而，在教学中特别是语法教学中必须强调语言知识的实践性和练习的多样化。

多样性的语法教学使语法教学摆脱讲解规则、举例说明、练习印证的刻板模式，增加教学的趣味性。多样性主要表现在两个方面：一个是不同类型的项目采用不同的方法，另一个是同一项目从不同的角度和方向去教。具体可从以下两个方面进行分析：

（1）一项语法多种方法。通常语法课只会关注从表面现象的分析阐述套用和活用，不会注意到利用语法的特点展开意义上的分析以及推测判断的练习。语法教学可以使用很多方法。比如在学习冠词的用法后，除安排冠词填空练习外，还可以挑选一些短文，使学生根据冠词的用法进行阅读、理解和推理训练，反向确证冠词的使用规则。

（2）多项语法多种方法。因为各种语法的变化以及不同的结构特点，意义、用法以及功能也会产生一些不同，所以需要运用不同的教学方法。比如动词时态可以用表演法，名词单复数、形容词级可以运用直观比较法，介词适合用演示法，复合句可选用图示法等。

人们一般会觉得语法教学主要依靠教师讲和学生听，再辅助一些练习、精讲多练、讲练结合。实际中，语法教学除讲解和练习外还有很多方法。不同种类的项目可以选择不同的教学方法，这样不但可以让学生保持新鲜感、提高兴趣，还切合语言自身的规律。这就促使教师在挑选确定教学方式时很好地考量每个语法的特征。

四、当代英语语法教学的主要方法

（一）善于归纳总结

归纳是先由教师列举实例，接着师生一起观察和分析实例，然后由教师归纳出定义和规则，再按照规则进行操练。采用归纳法，通过分析、归纳、总结语言使用规律，可使学生深化对语法的理解，提高学生发现问题和解决问题的能力以及归纳、类比等逻辑思维能力。同时，也避免了教师灌输式教学可能带来的弊端。

显然，这样的教学方法也存在不足之处，例如会造成时间的浪费，也没有实现应有的效率。根据语言教学的策略，归纳法是让学生先学习相关的语言现象，然后慢慢地来总结语法规则。使用归纳法进行语法教学，通常要按照这样的顺序：首先，教师给出短语或者例句，或者让学生主动提出来例子；其次，教师带领学生对这个例句或者短语进行分析比较；最后，总结出语法规则。比如教师在课堂教学中可以拿笔、本等作为道具引导学生进行名词单复数的学习。

（二）多做实践演绎

演绎法是语法教学重要而有效的方法，选择这一教学法的前提是学生对语法规则的有一定理解和掌握水平。演绎法，即理论通过实践进行检验的过程。这种方法的优点是简单直接，但是也有很明显的不足，如使学生丧失从中发现、分析、解决问题的机会。演绎法在英语教学上的应用步骤是：首先，教师讲解语法规则；其次，通过例句再次证明解释语法规则。

长期的教学实践说明，演绎法在某种程度上是值得被采用的教学方法，不应受到排斥。其实，归纳法和演绎法均有值得借鉴的地方，不能以片面的观点看待二者。归纳法能够帮助学生发散思维，调动学生的学习兴趣，但如果归纳不合理，会造成时间和精力的浪费。演绎法的教学流程简单有序，比较节省时间与精力，但如果教师的演绎不合理，容易变成灌输式的教学，降低学生的学习兴趣。可见，选择哪一种教学方法需要以学生本身的年龄或者英语水平作为出发点，这样才能将某种教学法的优点更好地展现出来。

（三）归纳与演绎结合

归纳法和演绎法通常在语法教学过程中相互补充，需要结合起来运用。先归纳后演绎，或者先演绎再归纳，两种教学法如果可以交替采用，学生对语法规则的掌握会更深刻、更熟练。可以按照以下次序进行教学实践：

（1）由教师列出例词或者例句。

（2）教师带领学生对例词或者例句进行比较分析。

（3）学生从例词或者例句的分析结果得出语法规则。

（4）学生进行语法规则的实际训练。

（5）语言规则训练完毕后由教师进行提问检查。

（6）教师让学生依照语法规则给出其他的例词或者例句。

（7）学生用例词或者例句逐一解释语法规则。

（8）学生进行分析总结。

（四）注重积累，强化语感

语言的规则叫作语法，熟练掌握语法规则以及语感是掌握一门语言的前提。所以，在英语教学中，教师要多为学生提供音频资料以及大声朗读的机会，这样可以提升学生的语法敏感度以及语感。三种能强化语感的教学法如下：

（1）大声朗读。大量的大声朗读的练习，有利于帮助学生强化语感。英语学习的现实情况中，有的学生担心自己发音不准确而被同学嘲笑，不愿进行大声的朗读，其实这是极为不好的语言学习习惯。针对这种情形，教师可以采取课前十分钟要求学生大声阅读单词或者文章的方法，长期训练，学生的语感自然而然会提高。

（2）经常背诵。在大声朗读的基础上，教师可以让学生背诵课文。长期背诵文章，可以使学生的语感得到很大程度的增强，并且会使他们的口语表达能力、写作能力以及理解能力比没有背诵经验的学生高很多。然而，由于学生能力的高低不同，教师不能强行要求每位学生，而是要根据每位学生的实际情况进行有针对性的教学。

（3）不断积累。长期积累可以帮助学生增强语感，提升成绩。通常在学习汉语时，教师会让学生平时多积累名言佳句等。这一方法也适用于英语教学。所以，学习英语要多记笔记、日常搜集各种名言佳句或者短文做好笔记并进行朗读和背诵。长期以往，学生不仅能够熟练自如地运用这些名言佳句，而且语感也会得到极大增强。

　　语法可以从课堂教学中获得，而语感却没那么简单。它需要经过大量的听、说、读、写训练，是一个积累的过程。只有养成良好的听、说、读、写的习惯，学生的语感以及交际能力才会得到提高。

第四章 中等职业学校英语课堂教育教学实践研究

目前，我国中等职业学校学生呈现出的现状是学习水平存在差异、在英语方面的整体水平不高、学生的信心不足、英语教学过于强调对于知识点的教授和记忆等。因此本章根据这些问题重点论述中等职业学校英语课堂教学中实施素质教育的探究、中等职业学校英语课堂教学中西结合的实践与研究以及中等职业学校英语课堂教学中中学生自主学习能力的培养。

第一节 中等职业学校英语课堂教学中实施素质教育的探究

提高国民素质的重要手段是促进 21 世纪素质教育的改革与发展，为此国家也制定相关的新课程体系，这在很大程度上会给教师教学带来强大的自信心和严峻的挑战。素质教育的改革主要表现为教育理念、教育方法以及教育行为的革新。中等职业学校的英语教学方法如何完善、教学质量如何提高、教学效果如何增强是这类学校需要共同面临的挑战。

一、中等职业学校英语教学现状

当前的英语基础教育与社会经济发展失衡。在英语的实际应用方面，中等职业学校学生的英语水平不及普通高中学生的英语水平，即无法达到现实工作中对英语应用能力的要求。中等职业学校的英语教育应关注学生自身的特点、因材施教，并且要与其他学科的知识相联系，而传统意义的英语教育没有关注到这些内容。很多英语教师讲课内容单一乏味，很少涉及与其他学科相关的知识，所以传统的教学方式无法实现全面提高国民素质的目标。在教学过程中，学生本该处于主体地位，但是现实往往相反，教师主导教学，为了让学生的考试成绩获得高分，直接把知识灌输给学生，而不是用启发教学的方式与学生进行互动，激发他们的学习兴趣。这种传统的教学方式，磨灭了学生的创造性和思考能力，需进行改革。教师要采用科学的方法进行教学，恢复学生的主体地位，充分激发学生学习的积极性、主动性和创造性。中等职业学校英语教学评价重视结果而不注重发展，教师和学生都能感受到沉重的包袱和压力，许多学生即便努力也很难取得良好的学习效果，导致对学习英语失去信心❶。

二、中等职业学校英语教学中素质教育的实施策略

（1）教师将英语知识教授给学生。中等职业学校的教师在进行英语教学时，需要提前完成备课任务，熟悉英语教学内容和大纲要求，采用各种例证法来进行教学。英语作为部分西方国家的语言，历史悠久，是西方文明的精髓。因而，教师在英语教学中，应结合当时的社会历史文化背景，多与学生互动讨论，让学生充分了解英语语言的魅力，以此来帮助中等职业学校的学生提高英语素质教育，提升英语水平和文学素养。

（2）根据教学内容进行教学活动。教学内容在英语教学中的地位不言而喻。教学内容分化为两种：一是横向的分化，二是纵向的分化。横向的分化指的是教师在课堂教学中，将课文中的词汇、短语和句子逐一分解，使学生对文章内容有一个深刻的理解和把握。此时，教师的主要教学任务是进行情境教学，激发学生对学习的兴趣和积极性。纵向的分化指的是分析挖掘文章的社会背景和主旨思想。其实语言的学习有相似性，汉语的学习重视知人论世，英语也不例外，需要了解文章的文化背景和所要传达的

❶ 张冲. 中等职业学校积极心理健康教育支持系统的发展特点和关系的个案研究——以一所面向农村的职业高中为例 [J]. 中国特殊教育，2017（12）：11-13.

主旨思想。所以，在英语教学中，教师要带领学生学习文章的每一处细节，要求学生独立提炼文章主旨，并进行选题写作，全面提高学生的英语水平。

（3）应用新模式进行素质教育。素质教育的关键条件是创新，所以在中等职业学校的英语教学中，想要摆脱传统教学手段的局限性，教师要采用多媒体等具有创新性的教学手段。多媒体教学可以设计幻灯片，其中包含多种多样的文化知识点，在增强趣味性的同时，让学生深刻理解其中的内涵并加以吸收。此外，利用多媒体可以播放视频、音频等，有利于活跃课堂气氛，改变传统教学的单一性和乏味性。英语课堂教学的创新性体现在多个方面，比如组织英语演讲比赛或者举办英语沙龙等。这些创新的教学形式不但可以给学生带来启迪，带来不同以往的学习体验，增强学生的学习兴趣，还可以拓展学生的眼界和知识面。

（4）利用多种方法调动课堂气氛。中等职业学校的学生大多年龄在15岁到17岁之间，很多学生有一定的自学能力。如果教师能够营造轻松自然的课堂气氛，会更有利于调动学生的学习兴趣。可见，教师将学生的情感和心理体验作为教学的切入点，进行相应的个性化教学，有利于帮助学生形成积极健康的价值观，提高学生的英语素养。

综上所述，中等职业学校的英语教学采取素质教育有利于学生英语应用能力的提升；有利于学生文化素养的提高；有利于学生身心健康的成长。另外，实施素质教育，不仅可以激发学生的学习积极主动性，还可以增强学生学习英语的自信和热情。因此，在平时的英语教学过程中，教师要把素质教育实施到课堂中，使用现代化的教学方法，贯彻国家的教育方针路线，全面增强中等职业学校学生的英语能力。

第二节　中等职业学校英语课堂

教学中西结合的实践与研究

我国教育的发展受改革开放的影响较大，尤其中西方融合的教学方法正在成为中外学者争相研究的热点话题。就其教学方法，中西英语教学各有千秋，国外的交际性教学方法是以学生为本的教学方法，可以充分调动学生的学习积极性，值得我国借鉴与推广；而我国的传统英语教学方法则是将阅读及语法作为教学的主要内容，为学生奠定坚实的语言基础。所以，两者融合是当前大势所趋。在中西结合教学领域，中等职业教育通常以特殊的职业教育理念著称，可在其展开各种各样的教学改革，最终形成独有的职业教育特色。

在培养复合型人才方面，通过对西方现代教学理念及模式的借鉴，尊重个体化发展，教育文化资源引入的多元化，从而为现代教育模式的探索提供新的途径。但是，在汲取国外教学理念的时候，不可背离我国本土的实际及具体环境，更不能忽视教学实施对象的特点而一味学习西方的教学模式❶。

因此，不管是将职业教育作为主要教育目标的中职院校还是中职院校的师生，中西结合的英语课堂教学都是一种学习及创新。

一、如何在课堂上进行有效的中西结合

（1）教学意识的中西结合。为消除排他的狭隘心理，让自己更加开放起来，需认识中西教学的差异化，发挥各自优势，整合统一教育机构下的资源优势，相互融合、相互促进、相互借鉴。而为树立中西结合的教学意识，教师需改变旧有的教学观念，尤其部分年纪较大的教师，由于其经过几十年的传统教学，受旧教学观念影响较大，传统的教学风格已经深入其血液中，难以转变为新的教学思维。这需要多接触西方的教学方式，慢慢改变自身，接受新鲜事物，从而养成一种现代教学意识，然后有效利用中西方教学方式，树立起中西结合的教学意识。

教师在面对青春期的学生时，需要充分结合中西教学理念，让他们在接受新事物时免遭外界的不良影响。教师可以通过创新的授课方式及合理

---

❶　赵嘉葳，黄旭升．中等职业学校会计类专业课程教学研究综述 [J].职业技术教育，2018（1）：42-45.

的处事方法潜移默化地影响学生，帮助学生树立起中西结合的意识。教师不可完全否定或赞成传统的教学方式，正如教师也不能完全赞成或反对西方教学模式，而是应当将两者融合，引导学生掌握合理的学习方式。

（2）教学原则的中西结合。教学原则决定教学方法。教师传授的知识能不能被学生复制，这是一般中式教育中师生重视的学习最终产物。抱有这种态度的人对学生的创造性通常视而不见，久而久之，人们将教学对象定位于学生身上，引发教师在对教学原则展开阐述或理解时，仅从怎么调动学生的学习积极性、怎样适应学生的身心特点以及通过什么样的方式方面考虑将知识系统有效地传授给学生。西方教育的重要目标是建立一定的学生鼓励机制。鼓励学生去"猜测"，并将此作为一种学习方法。学校应充分结合这两种教学原则，催生出适合于中职学生特点的教学原则。

（3）教学方式的中西结合。近些年来，中职课堂教学改革蔚然成风，每位教师都在积极思索变革传统教学到任务型教学的转变，但是最终的教学方式并不尽如人意。通过调查研究可知，中西方教师在教学方法上存在一定的差异性，其中我国教师对英语知识进行大量研究，从讲授、备课及语法、词汇等方面从严治学，形成一套严谨的教学体系，与传统教学相比是较为成功；而西方教师则注重对学生联想及想象的训练培养，但是其教学过程中忽视学生拼写中出现的词语连缀错误或拼写错误，将会造成学生不够重视语法知识。不过外教看重合作教学，通过增加课堂交流来提升学生口语及听力的表达能力，使得学生的合作能力得到大大增强。

（4）教学内容的中西结合。教学成果受教师主导作用影响较大，其中核心因素包括教师处理教材的方式、教学方法等。经过一番比较可知，很多英语教师还沉溺于传统的教学方式，遵循字词句篇听、说、读、写练习的传统教材内容，其条理性、系统性及较强的理性为其优点所在，缺陷是语言课是一门较为抽象的课程，感性到理性的整个认识过程贯穿语言的记忆、再现及应用。而对于我国学生，英语并非自己的母语，若运用以上方法学习英语，势必须花费巨大的时间精力来学习，这些内容的原有认知结构没有涉及，即学生仅能从中掌握基本的逻辑意义，不能理解新旧知识匹配的意义。在活动中选用的是布设情景的案例教学法，即脱离课本内容，核心教学理念是生活走向课堂，激发学生的学习积极性，获得从感性到理性的认知飞越。该教学法主要以学生的原有知识结构作为出发点，学生可以从教学内容中认知主体知识结构吸纳的意义，甚至处在同化条件下有被学生逐步或较快匹配接受的意义。不过，这样的教材容易造成凌乱的知识体系、较散的知识点，甚至出现脱离课程计划的教材内容。而我方教师擅长手头教材讲解，尽管会出现无法举一反三的现象，但其系统性的教学能够帮助学生更好地掌握知识点之间的联系，从而掌握一定的学习规律。所以，充分结合西方教师善用的课外教材和我国系统性较强的教材，可使学习更具实践性及系统性，帮助学生进行有方向、有目的的学习。

（5）教学手段的中西结合。在教学方式方面，我方教师善于在精讲时采用 ppt，具有清晰的条理和详细的内容；而西方教师则善于通过提问及讨论的手段对语言进行渗入教学。如此一来，我方教师教出来的学生对知识的获取比较容易，缺陷是语言缺乏应用实践；而西方教师教出来的学生则可以充分运用语言技能，缺陷是不能很好地获取语言知识。所以，教师需结合以上两种教学理念，或者使用不同的手段在同一个课堂教学中，或者使用不同的手段在不同的课堂教学中，帮助学生获取不同的知识及技能。

（6）英语语言技能教学的中西结合。语言技能通常分为读、写、译、听、说，这是我国语言技能的分类。所以，学生的这五项语言技能的提高，意味学生的综合运用语言能力得到提高。在读、写、译三个方面，我方教师比西方教师具有一定的优势。我方教师对学生的英语学习习惯及思维方式更加了解，同时我方教师较为擅长讲解知识点及难点，翻译需要学习两种语言，这是西方教师不能担任教学任务的主要原因。所以，对于西方教师，可以适当借鉴甚至沿袭我方教师这种授课特点。但听、说方面西方教师则占有优势，可以为学生营造出良好的语言环境，让学生在潜移默化中进行学习。此外，西方教师具有更灵活且多元的授课方法，教学内容贴近实际，可以激发学生的交流热情，这种氛围便于激发学生对语言的应用，学生也可以情不自禁地进行学习交流。因此，我方教师应当在学习西方教师的听说教学方式，然后结合其他方面的教学，从而达到英语中西教学的最优组合❶。

（7）课堂评价方式的中西结合。在课堂评价方式层面，中西方教师具有不同的方式方法。我方教师采取的评价方式是批评，不会或极少在学生学习中给予鼓励、赞美以及肯定，而是通过批评指正的形式让学生认识到自己的错误及缺点，督促其学习。而西方教师则是通过赞美的方式给予学生肯定，从而激发学生的学习信心。不过这种方式对于学生在语言知识方面犯的错误不能得到有效及时的反馈，导致学生无法认清楚自己，错误将会接二连三地出现。而我方教师可以及时纠正学生错误所在，明确错误在哪儿以及薄弱环节，尽管学生会产生一些失败心理，不过也不失为一种帮助学生纠正错误、认清自我、获得良好学习效果的有效方式。所以，中西方教师应当充分结合以上两种教学方式，不仅要肯定及表扬学生，还需及时纠正错误及批评，才能有效促进学生学习，获得良好的教学效果。

（8）课堂用语的中西结合。在课堂用语方面，西方教师具有先天的英语母语条件。当其在课堂上讲课时，因为其独有的语言优势，容易忽略学生的语言水平，通常会将自己的英语表达习惯传递给学生，没有顾及学生的接受及理解能力，没有将所讲的内容给学生二次解释，使得学生对教师的课堂语言处于一知半解的情境中，无法理解很多关键的知识点，越多的疑问无法在课堂得到解决，从而降低课堂效率。而我方教师则因对英语教学模式接触较少，在英语口语方面的问题无法用英语思维方式解答，甚至经常出现中国式英语，使得教师在读一遍英语的时候，会使用中文再做一遍翻译。这样可以帮助学生加深理解，尤其是遇到语法知识点时。不过，我方教师对知识点进行中文讲解，容易养成学生在学习英语过程中过于依赖中文，阻碍语言的进步，很难养成英语思维。因此，应当将两者充分结合起来，尤其是在听、说课堂上，教师应采用全英文教课方式，给学生营造出良好的英语听说氛围，引导学生使用英语思维思考知识点。此外，教

---

❶ 卓张众. 英语语法教学的"三个转向"及其实践策略 [J]. 教育评论，2018，No.227（5）：143-147.

师可以适量使用中文讲授语法词汇知识点，以提升学生的理解力，快速掌握语法要点，提升课堂效率。

二、如何在课堂外进行有效的中西结合

（1）在评价方式方面进行有效的中西结合。教师在对学生的学习表现进行评价时应综合运用多种评价方式，结合多种评价标准。在我国，教师对学生的评价更倾向于也更加重视总结性的评价，学生的考试成绩会对学生评价产生很大的影响，而形成性评价在最终评级中所占比例却非常少，不管是学校、教师还是家长，更看重学生学习的结果，而对学生在学习过程中的变化缺乏必要的关注。随着教育改革的日益深入，越来越多的教师开始认识到形成性评价的重要作用，但却仍然没有把形成性评价与总结性评价放到平等的地位上。相比于国内，很多西方国家更加看重学生的学习过程，不会仅根据最终的学习成绩去衡量一个学生的学习表现。学校和教师也更加看重学生平日的表现，在对学生的评价中会把形成性评价摆到很高的位置，在整体评价中，形成性评价所占的比例会高于总结性评价。在西方的评价模式下，教师能够更好了解学生每时每刻的学习状态，有利于教师及时对自己的教学步骤进行合理的调整。如果从学生的角度考虑，不难发现学习过程的重要性并不亚于学习结果，在重视学习结果的同时对学习过程给予同等的重视，在对学生的评价时对过程和结果进行综合考量能够得出更加有价值的评价结果。此外，在我国，教师的评价针对的通常只是学生，而忽略对自身的反省，在教学过程中"循规蹈矩"，按照所谓的"常规操作"去备课、教学，最后把出现整体成绩差或整体及格率低的原因归咎到学生身上。而在教育先进的国家，一般不会出现这种情况，教师在备课时会仔细地思考研究学生的实际情况，从中发现问题、解决问题。在教学过程中，西方教师比我方教师更加注重应用和积累，更加重视知识结构整合时的联想和想象。出现问题时，教师首先要审视自身，在自身的施教方法和思想上找缺陷。

（2）在课后作业布置方面进行有效的中西结合。我国教师布置的课

后作业比较偏向于理论化，书面内容较多，需要学生进行课前预习，涉及实践的内容比较少。课后作业的习题来源主要是练习册或是课本的课后练习，能够很好地巩固和总结课上所学知识。西方教师布置的课后作业在作业量上通常比国内教师少，但内容上更加实践化，需要学生去实践、去调研，实际需要花费的时间也很多。相比于我方教师布置的课后作业，西方教师布置的课后作业对课上所学知识巩固和总结的作用较弱。中西方在课后作用布置方面各有优势，但也都存在一定的缺陷，如果能把双方做法进行科学合理的结合，可丰富学生课后作业的内容，既可以保持课后作业理论知识方面的巩固和复习，又能够提升课后作业的实践性，让课后作业成为学生学以致用的有效途径。学生的课后作业既要有口头作业，也要有书面作业，在巩固、夯实学生知识理论基础的同时锻炼学生的实践水平，提升学生的综合能力和素质。

三、中西结合教学的影响

创新型教育是我国英语教育的发展方向。中西结合的教学模式有很强的创新性，有利于学生个性的挖掘，有利于学生能力的培养，有利于学生主体意识的激发。中西结合的教学模式要求充分挖掘每一名学生身上的"宝藏"，让每一名学生都拥有表现自我的机会和勇气，充分激发学生的创造潜力，促进每位学生的个性发展，培养和锻炼学生的发散思维和即时应变能力，让学生学会独立思考、自主学习，开拓学生的视野，培养学生的创新能力和创新精神。传统教学模式过于标准化、批量化、集体化，它是一种分科目、按年级、按单元教学的模式，使学生接受统一进度的教育和统一标准的考试。这种传统的教学模式不利于学生创造性、主动性、积极性的培养，不利于学生主体作用的发挥，严重阻碍学生个性发展，学生在毕业后只能做和专业领域对口的工作，遵循指令行事，在专业化、标准化、规模化的工业社会能够很好地生存，但却无法适应网络化、信息化的知识经济社会。为促进个人与社会充分、全面、和谐发展，教师应积极改善教学方式，改革教学模式。

中西结合的教学模式把双方的长处和优势结合到一起，重视培养学生的创新能力和学习兴趣，有利于学生身心得到全面的发展。我国在2001年加入世贸组织后，经济全球化与科技竞争的参与程度得到大幅提升，因此迫切需要大批具备跨学科综合能力、理论基础扎实、对世界先进科学技术有深入了解、对各国文化有深刻认识的高素质人才。把中西结合的教育模式推行到基础教育领域是填补高素质人才缺口，为国家和社会大量培养、输送高素质人才的有效途径。

第三节 中等职业学校英语课堂教学中

中学生自主学习能力的培养

英语在我国已经开始被人们重视。一开始，英语只是在中学和大学开设专业的课程，但在中职类学校，英语却没有被学校放在教育上。然而在最近几年，国家对职业学校的重视度增加，英语这一科目在职校中也受到重视。在英语教学中，学生想要提高英语能力，需要综合学习英语知识。那么，这个任务自然而然地落到英语教师的肩上，需要英语教师改变对学生原有的教育方式，让学生自主学习，还要让学生能够灵活运用所学知识。

一、改变教学模式，创设自主学习环境

选取自主学习的教学模式主要体现在三个层面，分别是课前预习、课堂教学以及课后巩固。三个层面相互促进、协调发展。

课前预习，为学生安排具体的预习内容，同时给予正确的指导，规定学生在课堂教学的时间内完成预习任务，对不明白的问题进行归纳，教师按照学生的具体情况明确课堂上的重要内容。例如在讲解与青霉素有关的内容之前，首先教师要求学生在预习阶段理解并掌握青霉素的功能以及用于哪些病症，还有其发展历史；其次阅读完整内容，总结不明白的句子或段落，教师可以有针对性地讲授。

课堂教学是整个系统最关键的部分，课堂教学的进行以课前预习为前

提，应该在规定的时间内完成所有任务。在安排完具体的预习内容之后，教师应该围绕学生组织各种活动，根据预习的内容提问，要求学生归纳与总结预习阶段的习题内容并向全班同学讲述自己的理解和想法、应该了解的背景内容以及常用的专用名词等，其他同学给予客观中肯的评价，指出优点与缺点并提出改进意见，再由教师对整个过程进行总结。

课后巩固属于课堂教学的延续部分，规定学生在课堂教学的前提下独立自主地完成，为教师详细地记录学生的学习情况提供方便，同时按照这种情况制订相应的方案并明确教学重点。

二、培养学生兴趣，激发学生热情

兴趣作为学习的内在动力，主要指的是对事物的认知与探索。兴趣与大脑皮层的中枢神经系统具有一定的相关性。如果学生对学习产生极大的兴趣，会增强自身的主动性以及创造性。学习不仅成为学生的良好习惯，也会成为他们的需要，从以往的被动学习转变为主动学习。在学习过程中，学生的内在动力会取得显著的成果。在中等职业学校的英语教学过程中，首先要激发学生对英语的学习欲望，增强学生的内在动力，培养学生的兴趣爱好。实践中可以下述几个层面作为切入点来阐述学生兴趣的培养。

（1）使师生关系处于平等的状态，增强两者之间的亲密程度。教师对学生的爱具有隐藏性，并没有在表面上显露出来，无论是真诚的热爱还是暗含的期待都能增强学生的内在动力，而且还可促进学生的情商、智商以及个性的发展等。教师在课堂上的行为举止会直接影响学生的表现，例如教师面带微笑进行授课，学生们会产生如沐春风的感觉；学生发自内心信任教师，有利于课堂教学顺利进行。学习能力较弱的学生更加需要教师的指导与鼓励。不能忽略任何一个学生，平等地对待每一个学生，这是作为教师最基本的职业道德。

（2）语言具有感染力，能够激发与诱导学生的学习兴趣。学生经常会讨论教师与教师之间的区别，比如这个教师属于幽默风格，那个教师是严肃的特点。实际上，教师讲课的水平与他们的外在风格没有直接联系，即严肃的教师不一定讲得差，而幽默风趣的教师也有教学能力低的。但确实幽默可以激发学生对知识的兴趣，因此教师可以着重地培养幽默风趣的教学风格。

（3）应用先进的教学技术，促进教学方式更加多样化。想要增强学生的内在动力以及提高教学效果，在教学过程中应该充分结合先进的教学技术来组织教学，进而获得优异的成果。在上听力课之前，将听力内容转化为文本的形式，学生经过反复的练习之后，大屏幕再显示出听力内容，完全听明白后，屏幕上的内容逐渐消失，直到学生可以独立地复述。在解练习题的过程中，教师将重要的内容与易错题做成幻灯片，通过改错、选择题以及翻译等各种题型体现出来。显而易见，学生对这种形式的教学非常感兴趣。除此之外，还可以利用互联网的功能，教师讲述语法知识时进入动画语法网站，激发学生的学习兴趣。教师指导学生将所学的知识做成幻灯片，在课堂上进行演示与讲解，遇到不懂的部分教师再讲解与补充。

（4）帮助学生取得成功。每个人都渴望成功，而且取得成功能够增强自信心，尤其是对于中等职业学校的学生，成功的体验不可或缺。帮助学生取得成功并感受成功所带来的愉悦也是激发学生内在动力的关键方法，特别是对英语基础水平较低的中等职业学校的学生，帮助学生体验成功具有重要价值与意义。所以，在每个教学步骤的实施过程中，应该特别重视学生对成功的获得与体验。根据中等职业学生们的内在特点，对于学生收获的成果给予奖励。这种强化方式在促使学生体验到成功之外，其成就感也得到增强，尤其是学习动力的增强，学生会更加主动认真地学习并取得更优秀的成绩。通常在形式主要有言语上的赞美与物质奖励，即使是再小的闪光点，也应该及时地给予赞美。受到赞美的学生会产生强烈的成就感，同时其他的学生也受到鼓舞，增强学生的学习动力，努力争取能够获得奖励。个性化的奖励对于学生至关重要。

三、制订学习目标及学习计划

在教学中，对学生自主学习能力的培养关键在于教育学生如何制订学习目标和学习计划，让学生按照既定的目标计划进行学习，用阶段性计划监控学习效果，并在实施过程中指导学生不断进行小结，整理计划完成情况，发现不足并调整学习计划。

学习预期目标分为近期和远期。在中等职业学校，学生毕业时要达到的目标水平称为远期目标，而学生每个学期的应知应会目标称为近期目标。近期目标比较具体，每天、每周、每月均应设定计划。近期目标可以这样设定：每天固定背诵单词的数量、每天听英文原声的时间、每周写几篇英文日记和做几篇阅读理解等。如果每个学生能够严格落实每天的计划，读书、听录音、写日记、提高阅读量，这样坚持下来，学生的学习兴趣和收获会大幅度提高，内生型学习动力将会增强。

四、教会学生运用学习策略

想要达到事半功倍的学习效果，教师应该帮助学生掌握学习技巧，做到"会学习"。教师应当教授学生使用正确的学习方法和学习策略，牢固树立以学生为主体的思想理念，发挥自主学习的优势。教师可以在提升学习方法策略上对学生加强培训，与学生共同探讨影响英语学习的主要因素，研究符合学生实际的英语学习方法步骤。培养自主学习英语的方法有几下几种。

（1）按照传统教学规律，做好课前预习和课后复习工作，养成良好学习习惯。

（2）做好学习阶段小结，及时总结考试中的不足，制定学习目标，通过与教师互动完成教学计划的调整。

（3）遵循英语学习多输入的习得理论，指导学生进行大量的英语阅读，掌握阅读技巧。在精读和泛读上提供学习策略。先是泛读，快速浏览全文内容，掌握梗概之后，遇到生僻词，根据上下文联系揣测含义，不要一遇到生僻词立马查字典，耽误阅读速度。教师教授学生找中心句的方法，让学生在文章开头或结尾处留心文章的主题思想，这样有助于学生读懂全文，提升阅读的质量效果。这种阅读方法需要教师教授给学生，再通过训练，不断总结归纳出适合学生的阅读方法。

（4）搭建交流平台，促进学生之间的经验交流。在学习过程中，每个学生都有一些学习体会和经验，教师可以根据学习进度，每月组织一次经验交流会，方便学生之间交流学习心得，也帮助教师改进和调整学习计划。对于学习成效，学生最有发言权。有的学生参照学习策略方法，取得一定的成绩；有的学生将学习方法落实到实践中出现一些问题和困难。这些都是学习过程中的必经之路。由教师组织每月一次的英语学习经验交流会，能够促使学生养成总结不足和不断提升自我的良好学习习惯。久而久之，学生会主动与教师、同学进行交流，私下主动自学，养成自我学习的习惯，使英语学习步入正轨。

五、引导学生进行自我监控和自我评估

如何设定学习计划、制定目标、掌握学习技巧方法，这些都是为自主学习奠定基础，最终是要通过学生学习实践来检验成效。所以，如何引导学生进行自我学习监控和监督是摆在教师面前的重要内容。一方面，依靠教师进行阶段测评。通过考试检验学生是否正确运用学习策略，掌握学习技巧，取得学习成效。另一方面，学生作业完成情况、上课注意力集中情况、发言情况、练习效率以及课前课后的学习习惯是否坚持等需要进行监测和个人评价。学生自评不受时间空间限制，可以由学生自主、随时完成。学习中的策略使用是否适合学生自身，也由学生根据实际情况随时做出调整。只有这样才能保证学生顺利开展自主学习。

为更好地开展学生英语学习自评自测，教师在课外应该采取第二课堂、英语角等与学生进行多方面交流，可以拉近与学生之间的情感联系。通过让学生谈心得感受、谈英语课外阅读的种类，了解学生更喜欢哪一类英语学习形式，是电影、歌曲、美文，还是参与英语角等其他英语实践活动。经过面对面的交流，教师可以直接帮助学生解决学习中出现的问题。这样的第二课堂，既引导学生有参与语言环境的真实体验，又能与学生共同探讨学习方法，督促学生学习计划按时完成，尽可能调动起学习的积极性和

主动性，以此实现英语学习的良性循环。在教师的正确引领下，学生持之以恒地做到有计划、有步骤地英语学习，进而激发学生内心的学习激情和潜力，真正使自主学习成为英语学习的主要推动力量。

第五章　中等职业学校英语教育教学的
应用与实践

随着国家对中职教育的不断重视，中等职业学校学校规模空前壮大。中等职业学校学生英语教学的应用与实践显得尤为重要，本章重点论述分层教学法在中等职业学校英语教育教学中的实践、活动教学法在中等职业学校英语教育教学中的运用、第二课堂在中等职业学校英语教育教学中的应用实践以及电化教学手段在中等职业学校英语教育教学中的应用。

第一节　分层教学法在中等职业学校
英语教育教学中的实践

自中等职业学校实行免试入学起，受其特性影响，新生多呈基础下滑、能力悬殊等状况。故此，基于不同学生的个性化教学需要夯实基础，并明确各自的学习目标、以需求为特性组织班级。"大刀阔斧"情形下的传统教学方法，已经不能满足绝大多数学生的学习需求。英语基础薄弱或较差的学生学习理解和消化能力下降、学习激情和信心减退，进而在课堂教学实践中，逐步分化趋势明显。

针对上述情况，分层教学法成为新的教学产物。分层教学借助教育专家、著名学者、知名专家进行研究、阐述，并以其理论为教学提供了必要条件。国内外学者在分层教学方式上的尝试，一度受制于教学对象的变化性而呈现出不同的发展趋势与实践效能。

我们可从古代教育家孔子的"因材施教"理念中深度挖掘分层教学法

的深意。现阶段国内的分层教学模式有三类：：惯常采用的第一种分层模式是分班教学模式。主要有"快慢班"和"重点普遍班"两种模式。这模式作为旧应试教育的产物，都是为了提高升学率，一度为教育界所诟病，逐步隐没于 1978 年改革开放之后。第二种教学模式是走班模式教学，是以学生动态变化为基础，在年级间依据学习成绩衡量学习能力，依据主观学习意愿等情况进行班级重组与授课的模式。该模式在选定上与选修课程相近，并广泛应用于高等院校和职业院校，但中学学校应用程度不足。第三种教学模式为班级内部分层教学模式。该模式为现代教学的新内涵，并在不同层次中伴有隐性特质和显性特质。隐性特质的分层法以教师主观尺度为衡量标杆，并在自然班的小单位中，综合衡量学生的学科基础、智力层次、喜好癖好、自我学习潜能等内容，对学生的基础层次进行再分并归类。该模式在显性特质层面以学生个体差异、学习基础为划分重点。诸多教习途径迅捷发展和不同程度分层次发展路径为所有学生提供了便利的学习条件。在操作层面，该模式看似困难重重，但在实施层面得到学校和师生的大力支持。该模式多应用于新课改之后的实验教学中。

分层教学是现代教学领域的热点议题之一，其诸多优点和实际应用效能在理论研究和实践分析中都有理论阐述。尽管如此，在具体的学科实践中，还是会受学生学习特性的要求、教学基建设施的条件支持、操作的具体步骤乃至应用成效的影响。由此，以某中等职业学校作为试点的分层教学实验样本研究在理论和实践教学中对其进行了检验。

一、中等职业学校英语教学现状分析

众所周知，英语是当今世界使用范围最广、使用国家和地区最多的语言，是进行国际交往的重要工具。在我国，特别是从科技的角度来看，学好英语对于许多人来说，已成为提高自己的专业水平，为建设现代化强国做出更大贡献的重要前提之一了。

但相当一部分学生对学习英语兴趣不高，学生对学校英语教学（如教材、教学设备、教学进度、师生交流等方面）的满意程度不高。这些现象不仅是在一所学校偶然发生的。

（一）中等职业学校的生源及其素质

自 1998 年中等职业学校实行"并轨"招生开始，初中毕业生经历中考后拿到成绩便可以入学，现在更加便利，不用参加中考也可以。结合多方面因素，中等职业学校入学新生的科学文化素质较低，思想品德素质不健全是必然现象。他们的文化课掌握不扎实，初中阶段的英语基础薄弱，英语成绩非常差，进入中等职业学校之后，面对的是更加复杂的英语学习，词汇量增加，语法知识点繁多，学习枯燥无味。而且学生潜意识里认为进入中等职业学校是为了习得一技之长，走向社会从事技术工作，英语学习得好坏并不重要，所以思想上不重视，学习态度也不端正。

然而，当前许多中等职业学校英语教学仍是沿用旧的教学模式，虽然也提倡"因材施教"，但还是老式的教法"满堂灌"。教师讲，学生听，学生无法从课堂教学中直接获得运用语言的机会而是被动地接受英语语言训练，造就了一批"缺耳""少口"的人才。长此下去，只能使学生的学习兴趣日趋减弱，甚至产生厌烦感和畏惧感。而如今面对的学生更是与从前不同，他们的兴趣是在网上，对于课堂，他们（其中一部分）是用来讲话、聊天、睡觉的场所。要想保证三分之二的学生多少学点知识，如何对付这些近乎玩劣的学生的确要动动脑筋。学校应采取多种教学方法和手段，使学生逐步树立学好英语的自信心。教师应注意培养和引导学生学习英语的兴趣，对于学生在学习中取得的点滴成绩要及时加以肯定，以保持学生积极进取的情绪。此外，运用各种形式的课堂活动来学习英语，可使学生学习兴趣始终处于最佳状态。

（二）中等职业学校的英语教材

许多中等职业学校学校的学生反映教材内容单调，大篇幅的英语对话并不贴合实际生活情境，英语学习过程枯燥乏味，教师教授的过程也是照本宣科，没有感情。事实上，教材的编撰者为了满足不同程度学生的需要，在教材的编写上耗费了大量心力，学校在英语教材选取上也采取多样化的形式，但是对于这些学生而言，并不容易接受。

（三）中等职业学校教师的素质与水平

因为英语人才数量较少，学校对教师编制严格控制，许多中等职业学校学校里英语教师人员不足，一个教师带四五个班的英语课，每周的授课时间达到 20 个学时。教师在教学任务异常繁重的情况下，每天奔走在上课、下课的路上，大部分时间用在备课、上课、布置作业、批改作业上，没有时间进行反思和充电，没有时间和机会去学习或者进修，导致英语教师没有时间和精力去给自己补充能量，教学质量和业务水平停滞不前。部分中等职业学校因为本校英语教师数量少而外聘教师授课，虽然教师以教书育人为己任，但是有些教师难免责任心不强，上课有疏忽，出现迟到早退的现象。外聘教师还有一个弊端：教师不需要坐班，那么学生在英语学习过程中遇到疑难问题也没有教师在课下答疑。因此，学生会因为师生沟通较少产生消极情绪，问题积攒越来越多，知识层面就会出现问题，学习英语的兴趣也会大打折扣。

目前，提升中等职业学校英语教师的整体素质刻不容缓。学校应该采取激励政策鼓励教师认真教学，条件有限需要外聘教师的情况下，需要对受聘教师进行审核和严格管理。只有加强教师的事业心和责任感，才能保证教师专心投入到教学事业中。学校还可以开展课下答疑的活动，每周安排教师抽出一定时间给学生进行课下辅导，这样可以及时发现学生学习的薄弱之处，做到查漏补缺。学校还应该尽可能给英语教师提供进修、培训的机会，提高他们的专业素质、业务水平。英语教师应该用高标准严格要求自己，创造条件提升自己。

（四）中等职业学校对英语教学的态度

中等职业学校是专一培养各类中等技术人才的职业技术学校，因此教学重点主抓专业课程。但是，英语作为一门使用范围最广泛的语言，英语课程在中等职业学校里形如虚设，这是不合适也是不正确的。教学的软硬设施匮乏、师资力量薄弱，缺少录音机和语音室，听力练习只能依靠教师读材料，造成教师的负担，不利于学生的口语能力和听力提高。长此以往、循环往复，教师和学生对英语的兴趣都大大削弱。提高中等职业学校英语教学水平，培养高素质人才不应该只是空谈，应该采取实际行动创造一个良好的学习环境。学生是学校的骄傲，也是学校的希望，只有学生素质和水平提高，学校才能有所发展，因此学校领导要用发展的眼光看待英语教学问题并且采取措施，配置必要的教学设施，聘请专业的英语教师甚至是外教等，从各方面发力改善中等职业学校英语教学的现状，提高学生的英语成绩。

二、分层教学的实践

现代教学在教学环节要展开对特定群体教学样本的衡量，要在考虑其特点的同时，针对个体组分进行细化，而后以明确的教学目标为先锋、以教学内容为向导、以教学进程为辅助工具，转变教学方法，具体落实到教学平台中。本书就相关具体情形进行研究设计如下几方面。

（一）教学目标分层

该阶段的教学是分层教学最具实践性的关键环节，需要在实际教学情境中有针对性地跟进。而现实情况是，教师对中等职业院校教学目标的一致性，导致后进生学习后劲不足、中等生学习成绩难升高、学习优秀者新知识接受程度不足的境况。鉴于此，分层教学作为教师教学目标的指引，在具体的教学实践环节，无论是制定教学内容还是提升学习积极性，都能达到理想的教学成果。英语教学以此为鉴，立足文化课和基础课显性因子，需在课程实践中确定教学目标任务，即掌握必要的语言基础知识和相关技能，最终达到"经世致用"和"学以致用"的效果。英语教学的过程，应是严肃课堂纪律、规范学生行为、养成良好学习习惯的教育过程，并在学生思想道德建设范畴中，提升团队素养和合作学习、互助学习的协作精神。英语课就此确立自身培养目标，并要求全体学生夯实英语单词、扩充知识量、扩充词汇量。学生借助良好的英语语法基础，在后续的职业场景中，将英语学习归为学生自我能力培养来日趋重视。在教学环节，改变不良课程行为，培养良好学习习惯，为学生自主学习提供能力平台。

（二）各层次学生的具体教学目标

具体教学目标确定，离不开课程性质及其班级内教学基本情况的落实程度，以便达到分层教学效果。在随后的每节课之中，具体教学目标为：C 层后进生学习目标、B 层中等生中层目标和 A 层优等生高层次目标。

C 层后进生学习目标——英语基础学习与夯实，主要内容包括通晓共计 48 个的国际音标，力求达到流利朗读的效果。以此为基础，就《英语 1（基础模块）》所涉及的生单词进行中英互译。严肃学生课堂教学秩序，营设良好的学习环境。在上述目标基础上，培养该层次学生进行兴趣培养和爱养，扭转其英语学习消极厌恶心理，逐步让他们体验英语学习的成就感，并让学生在英语基础知识掌握基础上，规范学生心理，树立学生战胜学习困境的信心。历经一个学期努力，让学生掌握语音、音标、基本时态结构、词汇量累积、句型掌握，获得学习上的较大进步。

B 层中等生中层目标——在 C 层差生学习目标的基础上，为中等生英语学习提供助力的初中英语内容，应是充分掌握《英语 1（基础模块）》中各单元单词、交际用语、语法知识内容，对上述重点内容反复练习，达到灵活运用效果。除基本的单词表中的主要生词外，还需要重要词汇及其短语识记作为补充，以便达到词汇拓展效果。历经一学期的学习后，该层学生在朗诵和对话模仿上，获得了交际功能性用语的自如学习效果，并以各单元为单位，提高英语交际能力、独立完成课后习题能力，达到自如作答英语考试试卷，综合提高英语学习成绩的效果。

A 层优等生高层次目标——除了夯实基础，立足各单元词汇句型外，还需要在释义上下功夫，并达到自如造句的程度。一方面，要求学生掌握相关知识，把握重点难点，以达到课文通透理解效果。在语言点上，务求以微知著、闻一知十的效果。这一阶段要求学生能对单词、对话、写作进行记忆、朗读、改变或命题，语言运用能力加强。除此之外，该层学生的学习还需要达到课堂知识吸收、课堂内容和知识面扩充、自学能力改善并提升、综合运用技能全面增强的效果。如此要求，方能使学生的既有知识实现高层次突破，并在听、说、读、写综合能力上迈向更高阶段。尽管如此，全班范围内教学目标确认应无层次区别、严格履行大纲要求。

（三）教学方法分层

教师教学目标及其教学任务确认，有赖教学方法作为支持条件，而在手段上对现有教学目标教育意义实现极为有利。在方法选择上，需要因地制宜、因人制宜、因时制宜，下述三个层次学生的基础学习方法为教学提供了借鉴：

C层学生——"归零后东山再起""由易到难"，大胆开口。如此让学生理解26个字母，掌握正确朗读48个国际音的方法，并以此为基础，为学生自主掌握生单词能力提供培养良方。对重拾学生自我学习自信心、克服盲目畏惧心理、体验学习成功的成就感，激发学生学习兴趣大有裨益。

B层学生——查漏补缺、再生词汇。在夯实既有基础知识基础上，由旧有知识催生新的词汇，并由量变达到质变。此做法是以学生语言应用为关键，发挥学生主观能动性的体现。课堂教学以此为方法，对该层次学生的要求为朗读对话、分角色扮演对话、句型掌握的循序渐进过程。

A层学生——教材为基、全面提高的策略方法。该目标是以教材知识点为出发点，在课内外知识内容及其实践中，历经课前预习并提问—课堂作业练习—课文再现与复述—分角色编演的过程，融会贯通，全面提升学生英语综合应用能力，并确保英语学习成绩稳步提升。在课堂安排中，经常性的以对话、日报等形式为内容的学习活动，为学生语言应用能力的提高提供条件。

（四）课堂教学时间弹性分层

该分层教学的应用主要基于C层学生的基础学习现状及其特点，尤其受制于基础、学习能力等情况，需要学生全面参与课程，但往往学习结果不尽如人意。以此判断，实验班具体策略如下：C层学生以制定课程教学内容为基础、以章节内容学习为重点，在既有课堂时间中，自由支配自己的剩余时间。也可以说，该类学生教学内容中，除了精读、口语训练、学习内容之外，可自由选择是否听讲，或自身利用余下时间对课堂知识进行再巩固和积累。学生的种种课堂学习方法要以不妨碍他人听讲为规范性要求，并充分利用时间、不过度消耗时间。弹性分层对解放学生学习压力、为学生营设充裕的学习空间、弹性听讲提供了更大的帮助。

（五）作业分层布置

英语学习的过程，离不开其作为一门外语的学习过程，尤其在词汇量及语法掌握上，需长期大量积累。作业布置作为教学环节的一员，成为学生巩固和夯实基础的关键，并不拘泥于既有形式。分层教学班级作业的主要形式有：记忆单词、背诵句型或背诵对话、完成教材和练习册中的习题，是"动嘴、动手、动脑"的形式。根据不同层次学生的学习能力和学习基础，布置相应的作业形式及作业量，使各层的学生能在自己能力基础上努力完成，从而提高学生的学习信心，并且能体验学习的成功，从而增强学习兴趣和学习动力。

本书认为在英语语言教学中，应对不同层次学生应用分层次教学法来达到教学目标。从综合应用成效来看，对解放课堂、减轻英语课程学习负面情绪、提升教学效率起了积极的促进作用。采用统计学对比分析方法，对英语分层教学班级及其传统常规对照班级的检验结果证实：新式教学方法实施后，学生在词汇量掌握上、完形填空综合知识及其知识运用能力上有明显进步。而以单项选择题的边缘化影响和阅读理解写作上的不显著效应为例，究其原因在于，学生对特定章节知识性的掌握力度不足。故此，学习效果受到学生学习动力、学习自信心、学习过程的动力以及语言高阶段综合水平时间层次与进展等因素影响。持续性的实验研究证实，学生一旦夯实了基础知识，能在不断的努力中产生良性学习效应。

分层次教学在实验班的实施，对树立班级和谐风气、端正学风、减少违纪、打消课堂消极情绪、提升学生课堂教学活动参与度大有裨益。日常学习及其测评中，实验班学生更能以教师要求为出发点，尽早完成教师布置的作业任务。

三、分层教学对教师教学的启示

分层教学的方式给教师和学生创造了机会进行思想交流，有利于培养真挚的师生感情。分层教学实施过程中，教师和学生都会参与问卷调查，教师在询问学生学习情况和了解学生对分层教学的看法时，会进行更多的交流，客观来说，这样的方式促进了师生的互相了解。学生从教师的一言一行中感受到了教师的关爱，知道教师做的一切都是为了学生成长。融洽的师生关系，可以引导学生积极投入课堂教学过程。只有学生充分信任教师，两者才能配合默契。

除此之外，分层教学对教师的职业发展也是大有裨益的，有利于加强教师职业感和提高教师的专业能力。如果教师面对的学生本身是其他专业的，或者是英语基础薄弱的中等职业学校学生，学生自身对学习英语没有较高要求，任课教师的英语教学就会变得轻松简单。

英语教师应该有创新意识，身为教育的研究者，要对教学方法进行研究和探索，规避照本宣科的做法。教师应该有责任心，对学生的成绩和成长负责，不断加强自身职业道德素养发展。因此，教师在教学过程中要从多方面把控，积极探索教学方法、教学过程等是否适合学生发展，同时在探索过程中帮助自己进行反思，在教学中提升自己的专业能力。

教师在实施分层教学中，对不同的个体学习者采取比较有针对性的教学方法，提高了学生的英语学习效果，英语学科教学也能获得更多学生的认可。在当今越来越多质疑中等职业学校英语教学的声音中（很多质疑者认为，英语学习投入了大量的时间精力却没有一个好的结果），如果英语教学效果能不断提升，得到越来越多学生、家长以及社会的支持和认可，一定程度上能改变中等职业学校英语教学不利的局面，从而改善或提高英语的课程地位，使得英语教师更有底气和信心投身到中等职业学校英语教学活动中去。

四、分层教学实施过程中存在的问题

首先，学生对象的局限性。因为做测试的对象都是中等职业学校的在校学生，这些学生比较集中的特点是学习基础薄弱。他们不但没有承受高中学生高考的巨大升学压力，而且学校也不会强制要求通过英语四级或者英语六级的考试，甚至学分绩点方面要求并不高。

国家为了鼓励学生读书，还有对中等职业学校学生入学第一年学费减免的政策。综合以上各个方面因素，学生的学习态度和学习动力都在无形中受到干扰，他们对未来的学习并没有规划目标。英语教学受到学生潜在的流动性影响，学生选择专业的不确定性必然影响教师授课。

其次，学习教材的局限性。实施过程中教材使用具有局限性，教材是把适合学生学习的知识进行了融合，没有对难易程度进行细分，而同一个班级中学生层次水平具有差异，他们的学习目标、学习态度和学习能力是不相同的，因此，教学过程中，教师从考试成绩了解到的情况也许并不是真实的，不能完全用成绩评判学生水平。教学过程学生的课程参与度和学生的学习主观态度很难量化，因此班级分层教学受到局限，日后的具体实施过程中还应该进行研究调整。

最后，分层教学效果的不确定性。分层教学班级的成绩检测标准不确定，即使是严格的笔试考试，也不能完全考查出一个学生的英语水平。

在分层教学过程中，成绩不能完全说明学生的努力程度和学习水平，因为外界因素会对学生学习产生干扰。例如生病、家庭变故或者学生情绪不佳等，如果学生厌学情绪强烈，遭受到校园暴力，成绩都会受到影响从而产生波动。正是因为这些原因，统计到的学生成绩并不能说明具体问题。此外，影响分层教学实际效果的因素还有很多，如学校的教学软硬件设备、学科课程的受重视程度、课时安排等。

第二节 活动教学法在中等职业学校英语教育教学中的运用

传统的英语教学是以教师为中心的，但是随着近年来第二语言习得研究的进展，人们发现原来对语言学习过程复杂性认识是过于简单了。因此，教育工作者们开始采用"以学生为中心"的教学方法。比如交际教学法，任务型教学法等。而活动教学法是不排斥其他教学法的，它是和其他教学法相辅相成地达到"以学生为中心"的教育目的。活动的作用在于给学生提供一个使用目的语言的环境，使学生在模拟情景里学习交际；而完成任务又可使模拟交际更逼真一些，既有利于培养运用外语的能力，又可培养学生灵机应变的能力，还能帮助他们从互相影响中相互学习。当然，活动的心理机制，在于能打破学生运用英语的紧张心理，激发其兴趣，吸引他们积极参加；参加后又能使他们自然地发挥创造性，从而综合地运用学到的英语技能以提高运用能力。

英语教学领域有很多教学方法，活动教学法第一次应用于英语教学中就得到广泛的关注，引起了大众的兴趣。活动教学法旨在组织丰富多彩的教学活动学习英语，这样的活动形式把学生放在主体地位，提高学生的实践能力和协作能力，成功避免以教师为中心的填鸭式教育。平衡活动教学法把活动教学法当作基础理论。平衡活动法将教学定位成一项在学生参与各种活动的基础有所收获的工作，这种收获可以是语言方面的，也可以是知识方面的。活动教学法的设计理念重点在于平衡，主要表现在语言输入和语言输出之间的平衡，练习和交际之间的平衡。

现在各大中等职业学校的英语教学环境并不理想，英语教学现状令人担忧，因为大部分学生对学习英语的兴趣不高，学生对学校英语教学（如教材、教学设备、教学进度、师生交流等方面）的满意程度不高。英语教学仍是沿用旧的教学模式，虽然也提倡"因材施教"，但还是老式的教法"满堂灌"。

一、运用活动教学法的必要性

对于很多中等职业学校的学生来说，不仅是要培训考试知识，需要让他们学习对英语的了解。教育者需要更多地开导学生从基础着手，英语学习要向母语学习一样有一个好的学习环境，创建一个适合学习轻松的环境。环境，主要是在课堂学习中，教师通过教学互动环节给学习营造出学习的氛围，在愉快的学习环境里学生可以体会学习英语的快乐，掌握英语的听、说、读、写等技能。

帮助提高语言技能。技能培养是一个由浅入深的过程，也是一个熟练的过程。在这个学习过程中，教师需要把多种有意思的活动形式与英语教学结合使用。在课堂上教师可以采用写作文和提问等方式锻炼学生的学习技能，学生在教师指引下更好地学习英语。如果单纯地进行英语技能锻炼学习，是一个非常枯燥的过程，这需要学习者有顽强的意志力。而通过锻炼可以增强学生克服困难的能力，提高他们的技能，所以，通过活动的方式开展教学是非常重要的。

帮助牢固英语语言知识基础。英语语言知识基础不是在短时间内可以学好的，需要大量的知识积累。教学活动需要跟进每个学生的学习进度，在开展教学活动时，教师需要考虑涉及的英语词汇，通过对词汇的不断使用增加学生的词汇知识基础。对于词汇的练习可以采用一些生动的方法，比如以一个命题开展活动，加入需要掌握的词汇，然后采用小组活动的形式进行。

帮助提高学习兴趣。教学通过多种活动形式展开，可以把英语学习的听、说、读、写融入英语学习当中，这也就提高了学习的速度。学生在学习中受到感染，教师的教学也充满激情，教师和学生互动气氛更加融洽，对于学生的学习非常有帮助，因此，使用活动教学方法是学习英语的重要手段。

二、活动教学法的运用

教学活动的重点是通过开展各种活动学习英语教材内容，对内容的不同课程、不同的学习重点分别选用不同的活动方式。学生和教师互相交流，可以帮助学生更好地学习，在整个教学活动中，教材是内容，教师是策划者，学生是演员，每一个活动都是一部话剧。

活动教学方法的重点是学习的过程，在这个过程中活动本身就是活动的内容，教师是组织活动的策划人员，因此教师的角色非常重要，教师的英语水平和创新思维都会在活动中更好地体现出来。开展教学活动有以下要求：

（1）教师要对自己的很高的要求。作为一名合格的教师，不应该仅仅停留在书本上，应该掌握多种与英语相关的才艺，比如演唱一首英文歌曲，或者演奏一些国外的曲子等，通过才艺表演增加学生对英语的学习兴趣。

（2）对学生的心理要有充分的了解。有科学研究证实，学生在上课学习中都会紧张，惧怕回答问题。教师在实际教学中需要充分考虑这一点，一定要让学生克服紧张心理，因此教师要对每位学生有深入的了解。

（3）通过教学工具开展教学。很多学校现在都使用多媒体进行教学，英语教学也离不开多媒体，通过英语视频播放可以提高学生对英语的理解能力。同时鼓励学生使用电脑进行英语学习，也可以提高学生计算机的使用能力。

（4）教学活动要以学生为主体。每个教学活动都要让每个学生参加。教师开展教学的时候不应该只是死板地讲课，对于每个学生都要进行提问。在开展活动时要让学生更好地参加，活动可以从小组的形式开展，但是要让每个学生都有展示自己的机会。如果学生人数比较多，可以分批次进行，教师在教学过程中要注意教学时间，因此在上课之前教师要有充分的准备。

三、活动教学法实施常用方法

（1）歌曲英语训练方式。歌曲可以打动人心，提高人们的文化欣赏水平，对于人们的心情也可以起到放松的作用，因此可以将歌曲与语言课程结合使用。第一，歌曲能够让学生学习的心情更加放松，整个课堂的学习氛围更加融洽。第二，英语歌曲也是学习英语的方法，学生通过听歌曲找到组成歌词的英语词汇，自己演唱，更好地培养学生的英语语感，对英语也有更深入理解。这也有利于文化传递，外国的文化与我们国家的文化存在相通的地方，通过文化渗透学生可以更深地学习英语。

除此以为，教师要重视提高学生的学习兴趣，学生处于青春期阶段，心理上还是存在着很大的成长空间。对于教师来说需要开发他们对于英语的学习兴趣，这可以更好地引导学生的心理成长。在英语课堂上开展歌曲活动，学生可以更好地接触到英语的文化魅力，提高学生的兴趣。

（2）通过讲故事学习英语。学生在儿童时代都喜欢听故事，这是人们的日常生活习惯，故事对于学生来说存在很大的吸引力。讲英语故事可以提高学生的学习兴趣，达到事半功倍的效果。课堂上教师可以让每位学生讲故事，让学生把自己生活中的事情通过英语表达出来，增加学生的学习能力。

讲故事的办法也有很多，教师可以先让学生对一些英文原文通过自己的理解用英语语言表达出来，也可以让学生用单词对原文的内容进行组合。通过学生讲故事，还可以锻炼学生的心理素质。

（3）以小组的形式学习英语。小组形式是目前课程教学中用到的比较多的组织办法。这种活动在课堂上一般由几个人组成，教师进行命题假设，学生根据命题展开头脑风暴创作作品。一般来说小组学习的形式对于课程时间是有要求的，通常一节课的时间在45分钟左右，教师要根据课堂时间来规定完成作品的时间。小组成员对作品进行展示的时候，需要积极互动，每个小组之间可以互相评价。在实际活动中教师要对没有积极参加讨论的同学予以提醒，评判出最好的小组作品，也要对每一个小组都进行评价和指导，更好地促进学生学习。

第三节　第二课堂在中等职业学校英语教育

教学中的应用实践

第二课堂也叫做第二渠道教育，是指在第一课堂外，由教师引导开发学生智力、培养孩子的天性爱好以及创新精神和随机应变能力，是将提升科技思想作为主旨，有安排、有规划、有组织的教学活动。它可以很好地应用最先进的科学技术信息，使用最先进的科技成果来充实和改变教学内容。第二课堂为提升中等职业学校的英语教学做出了关键贡献。

根据前面的概念能够知道，不同于学生自发的、无组织的课外活动，第二课堂活动的目标是配合并推进课堂教学，由教师引导有组织地开展的实践教育活动，它遵循教育目标，但是不受制于教学大纲，既可以与教学大纲组合教学，又相对独立。第二课堂不再是无足轻重的课外活动，而是教育现代化高水平人才以及实行科技教育的重要途径。

学校的英语学习环境是模仿真正场景的实习场，通常是课堂教学环境以及课外教学环境。学生虽然作为认知主体，但是在很短的课堂学习时间内一般都不是自己主观完成意义建构，都是经由感受与沟通被动地学习知识，并且在课堂上模仿真实场景的活动不管是从形式还是内容都无法与真正的语言交际环境相比。所以，除了课堂教学外还可以举办多场有价值的语言活动，推动学生的英语语言内化，激发学生在英语学习中的主体作用，提升英语的生成能力、运用以及交流能力。

情境认知理论顺应了英语教学改革的走向，因为多媒体等信息技术的出现产生了多种可能性，伴随着英语教学改革的深入，在学习环境设计时的情境学习重要地位也越来越高，需要尽量使用先进的技术手段，将英语教学和实践更好地结合起来，营造出更加真实、丰富并具有多元性的学习环境。

"传统的"英语课堂的中心是教师。这种将教师作为课堂中心、以灌输为主的教学形式有很多缺点。在这种教学形式中，教师为课堂主体，授课多为母语，学生只需要听从教师的安排即可，学生只能被动地听课、做笔记、练习来习惯教师和教材，而且练习多为机械式的反复练习，教师与学生没有互动，教和学之间变成了单向输送，压抑了学生的天性，也忽略了学生个体间的不同。当今的教学形式缺乏听力课以及口语课，教学方法枯燥单一，学生的语言输出量和目标语的输入量都很少，没有将所学语言运用到与人的实际交流中。

传统课堂中，英语教学过于依靠教师的"讲授"作用，却忘记了学生可以在语言的实际应用过程中自己运用和总结语言准则，只是将英语像"知识"一样直接获得，而不是作为"技能"来学习。这类教学模式多为依靠教师讲解，学生基本没有沟通实践的时间，学生学习了一段时间英语后，虽然学习了很多语言知识，但一直不能用英语进行沟通交际，特别是口语方面。实践证实，这类只重视教授知识而不注重培养能力的教学方式，对学生学习语言是不利的。学习者为了完成推动学习第二语言的目的，只能通过尝试运用第二语言的方法。尽管可理解的语言输入在学习语言的过程中有着重要地位，但是学习者不仅要尽量多地接收可理解的输入，还一定要有有益的语言输出，才可以准确流利地运用目的语。语言输出可以推进学生扩充和丰富语法知识，只有在学习被推进时，语言输入才能够帮助学生学习语言。所以，教师在课程中不单单只是供应信息者与示范者，学生也不应只是被动地接收传授的知识，只做被动的听讲者。教师与学生间应该沟通合作，在欢快轻松的氛围中帮助学生学习语言。

一、创建第二课堂的必要性和途径

（一）创建第二课堂的必要性

如果学生在课外时间不学习英语、不主动实践运用英语，仅仅依靠在每天在课堂上的有限的时间学习英语，学生的英语水平基本不会提升。依照语言学习的规律，将课堂学习与平时练习相结合，才可以更好地掌握英语。举办各种形式的英语课外活动，可以温习巩固课堂教材中学习的词汇、语音、语法，还可以更有效地提升听、说、读、写的能力。这些语言实践活动能够提升运用语言的水平。所以，创建英语第二课堂是很有必要的。

（1）建立第二课堂能够给中等职业学校的学生提供更多的英语实践交流机会。会学习英语的学生乐于实践，能够意识到语言内化是依靠长时间的积累还有持续的语言接触。接触既可以是有目的、有计划的，也可以是真正的实践交流。人们应该利用好所有的实践安排，在真实交流中使用英语，所以只依靠有计划的语言练习是远远不够的。就算是人们的语言水平还没有达到要求，但还是乐于将自己融进交际中。这也就证明了学习语言一定要有很多的实践活动。

（2）英语第二课堂可以更好地实现因材施教。每个学生的能力水平是不同的。尊重学生们的个体差异，对学生进行不同教学，才可以使学生们发挥自己的优势，得到更好的发展。

（3）英语第二课堂活动可以调动学生学习英语的积极性，使学生乐于学习英语，达到主动学习的效果。学习的开始应是兴趣，如果缺少了兴趣，学习会变得单调乏味、缺少效率。如果想产生更好的教学成效，教师需要尽量激发起学生的学习兴趣，使学生有很高的热情学习英语，将学生的学习兴趣变为学习的动力，学生的才智也有了施展的空间。相反，学习也会给学生带去压力。毫无疑问，英语第二课堂在激发学生学习兴趣方面占据了非常关键的地位。举办各种活动不但可以让学生温习课堂学过的内容，还提升了学生的学识，给学生提供了了解所学语言国家的机会，不但培养了学生的语感，还能够激发学生的学习兴趣。

（4）英语第二课堂创造了很多师生进行情感交流的机会，能够很好地减轻学生的焦虑情绪。影响英语学习效果的关键要素之一就是焦虑情绪。在第二课堂欢快的气氛内，经由教师与学生之间轻松、平等的情感交流，让学生可以"亲其师，信其道"，焦虑情绪也可以很大程度地得到减缓。

（5）英语第二课堂提供给了学生充足的学习资源。英语教学因为现代科技的飞速发展有了更丰富的教学资源，特别是互联网的发展导致信息获取量大幅度提升，若是可以将这些信息资源运用在第二课堂中，学生就有了更丰富的语言输入，也可以改善语言僵化的现象。

（二）创建第二课堂的途径

（1）英语角。每星期有一次英语角活动，为实验班的学生提供稳定的时间与地点运用语言，也可以经常约请青年英语教师与外籍教师与学生交流，这些教师是英语角可以发展的关键。对于一些较为腼腆的同学，指导教师还有参与教师应及时进行正确引导，提升这些学生的语言表达水平以及交际水平。教师还可以有目的、有计划地选择与学生相关的择业、求职、就业或者世界观、人生观、价值观等话题与学生进行讨论，不但可以打开学生的眼界，还无形中让学生形成了正确的世界观、人生观还有价值观。

（2）英语广播电台。第一，英语播音的学生为了准备播音所用的材料，需要查阅很多英语资料，语言输入量便因此大幅度提升，他们自身的口语水平也会在播音的过程中得到提升。在安排制作节目时，还需要根据听众的兴趣喜好、英语水平决定内容，这样也训练了组织还有写作能力，所以英语广播电台可以使播音同学的综合素质得到大幅度提升。

电台的听众，就是实验班的普通学生，目的语输入量因为可以在课下任何时间收听到英语电台节目（中等职业学校学校通常是寄宿制，学生吃、住都在学校内）而得到显著提升，电台节目通常有明确的主题，又有着丰富有趣的内容，而且符合中等职业学校学生的英语接受能力，使得听众可以听懂内容并慢慢产生兴趣。并且，听众还可以从这些节目中挑选出自己喜欢的、适合的，有目的性地收听，提高自主学习的能力。

（3）英文电影欣赏。学生们因为英文电影中的动人的表演、有趣的对话还有引人入胜的情节产生了强烈的观看兴趣，影片中描绘出的异国风景可以扩展学生们的视野，电影放映时视觉、听觉这些感官受到的强烈刺激能够推动学生积极学习英语。所以，观赏英文电影有助于提升英语听力能力。因为不断发展的当代互联网技术，教师在放映电影时有很多选择，可以在多样的电影资源里找出最符合学生能力的电影。

在每次观看英文电影前，教师应该先将影片的名字、剧情梗概介绍给学生，让学生可以提前了解；观看结束后，组织学生针对电影的内容交流感想，加深理解。

（4）英语知识讲座。语言能力与文化能力培养都属于语言交际能力的培养。在学习外语时，文化一般包括所学语言国家的传统习俗、地理环境、历史文化、风俗人情、法律规章、生活习惯、艺术作品、价值观等。清楚知道英语国家文化可以帮助学生掌握和运用英语，也有助于增强对本国文化认同和理解。如果不了解英语国家文化知识，会在实际交流中产生许多问题，所以，举行英语文化知识讲座是必需的。在开展讲座前，应该在实验班宣传好讲座的主题和内容，同时鼓舞学生在参加讲座时积极讨论，踊跃提问，结束后要虚心听取学生的建议，不断改进，让讲座更满足学生的要求，并合理安排讲座难度，由易到难，让学生的能力慢慢提升。

（5）英文短剧表演。短剧表演既可以使学生发挥自己的个性特长，还可以锻炼他们的团队意识和合作精神。表演时学生需要用表情和动作结合英语表现人物的性格和形象，在大脑高度紧张的时候运用英语，可以很好地训练学生语言的实际运用能力。并且，因为中等职业学校的学生都处于青春期年龄段，具有较强的好奇心，所以对于短剧表演这种活动都很感兴趣，也在不知不觉间提升了学生的英语学习兴趣。教师应该根据学生不同的个性和英语水平安排表演角色，还可以让学生们自由选择搭档，遵从学生的自主性。

二、创建第二课堂的教学实验对英语教学的启示

（1）积极建立第二课堂英语教学的科学体系。开展第二课堂活动，需要一套完整的科学体系。只有建立起完整的管理、评估、激励系统，才能确保各项活动能够有条不紊地进行。其中，管理体系，包括组织领导责任的落实、管理岗位的设岗定编、工作职责的规范量化、资金投入及有效使用等；评估体系，包括师资队伍、教学硬件、教学质量、教学效果、推广维度、特色项目等；激励体系，包括明确学生参加各种活动的奖励措施，将学生第二课堂中取得的成绩按不同等级加入个人量化考核成绩中，明确指导教师的工作量化指标和指导学生参加竞赛获奖的奖励措施等。

（2）将课堂教育与第二课堂科学合理结合起来。对于第二课堂，要肯定它的教学效果，使用第二课堂进行英语教学，有利于提高中等职业技术学校英语学习的积极性和主动性，帮助解决部分学校英语课设置少、学生人数偏多的实际问题。但是引入第二课堂要合理、科学，不能因为它有优势就完全否定甚至取代了课堂教学。从第二课堂的本质上讲，它是课堂教学的补充，主要是配合和助力课堂教学，让学生参与英语语言实践活动，

帮助学生更深层次理解英语语言教学重点和语法，提升课堂教学效果。英语教学的主体还是课堂教学。在课堂上，教师对语言关键知识点必须讲解清楚，才能指导语言运用。

（3）促进传统教学理念的更新。在传统教学中，教学理念比较陈旧，偏重于填鸭灌输式的教学模式。教师围绕教育目的，按照教学大纲进行重点知识传授，较为机械，不能激发学生的学习主动性。当代教学理念尤其是建构理论认为学生是课堂教学的主体，教师只起到课堂主导作用，是学习构建知识的帮助者，要引导学生进行英语学习，而不是一味地进行知识灌输。学习英语要在一定语言环境下，借助他人的帮助实现，在这样的理念推动下，教师的教学理念需要发生改变。

（4）帮助建立良好的师生情谊。通过第二课堂的英语语言实践，可以促进形成良好的师生关系。有研究表明，师生关系是否和谐，将直接影响到语言学习的效果。情感因素对语言学习十分重要。良好、积极的师生关系将有利于教学相长，学生积极配合教师的教学工作，主动性较高。而消极、不良的师生关系会阻碍学生的学习潜能发挥，学习效果不佳。所以，要努力营造和谐良好的师生感情，才会拥有美好的学习体验，实现真正的英语习得效果。

（5）壮大第二课堂英语教学师资力量。有效开展第二课堂，需要具备一支素质较高的教师队伍。第二课堂中对教师的英语运用能力、课堂组织能力、协调能力等要求都很高。再加上学校的第二课堂教学正在实践中不断摸索，遇到的问题较多。所以要注重加强对教师的能力培训，建立一支综合素质高、经验丰富的第二课堂教师队伍，努力提高第二课堂教学水平。

（6）加大硬件及配套设施的投入。英语第二课堂教学需要用到很多教学器材，比如在组织活动时，需要用到英语播音的演播工具、无线耳机，还有视听多媒体教室准备的电脑一体机等。这些硬件设施在中等职业学校中并不常见，而且即便拥有，有的设施也老化陈旧。所以，学校谋划建立第二课堂时，常常因设备不足，不能有效开展。希望教育部门能够进一步加大对中等职业学校的英语学习硬件设施投入，支持第二课堂健康有序发展。

社会对英语人才的需要在不断增加，但由于种种原因，中等职业学校学校毕业生的英语水平并没有得到显著提高，为了彻底改变这一状况，就必须找出影响学生英语水平的各种因素，找出解决办法。根据英语习得的一些理论，也根据问卷调查和实验结果分析，在中等职业学校学校开展丰富多样的第二课堂活动，是解决这种问题的有效途径之一。

第四节　电化教学手段在中等职业学校英语教育教学中的应用

电化教育是教育科学的一个分支，是研究利用现代科学技术以提高教育质量的一门学科。教学所利用的现代技术，主要有幻灯、电影、录音、广播、电视、录像、语言实验室、程序教学机、电子计算机等。电化教育所研究的就是在教学中如何利用这些现代技术，采用最优的方法，以取得最佳的效果。英语电化教学本身包含着语言教学和媒体应用两大部分。因此，它首先涉及电教手段与语言教学的相互关系问题。人们的认识和思维过程是一个从直观到抽象，然后再从抽象到具体的过程。英语电化教学完全符合这一认识规律。

现代教育中经常用到教育学、心理学、生物医学等交叉学科还有信息论、控制论等原理，采用多媒体进行教学，营造最理想的学习氛围，实现教学目的。所有理论知识都是抽象的，电教教学手段就是能够将抽象的理论通过声音、图像、情景等教学方式强化大脑中枢神经，建立起强烈的语言信号，加速大脑内的语言记忆和语感认知。运用电教手段提高学生的记忆能力，能够节约教学时间、增加教学信息量、提升教学整体效果。在学校中普及电教教学，需要在科学教学方法的指导下，结合课程设置，充分发挥多媒体的优势和特点。在使用多媒体电教教学过程中，需要反复实践，根据学生课后反映摸索出切合实际的活动方式。所以，在肯定电教教学与英语语言学习之间紧密联系的同时，应注重理论与实践相结合，巩固和不断完善英语电教教学的理论和实践成果。目前，电脑、网络、多媒体教室、课件、学习机等媒体在语言学习中有着重要的功能作用。

（1）实现情境教学，营造语言环境，通过他人的语言交流使学生提升英语语感。在国外进行语言训练几乎不现实，通过电教手段模拟语言环境，可以不受空间、时间制约，将抽象的语言理论知识转化为逼真的交际情景，通过电脑展示历史、事件、人物、商贸交流等活动，更直观地将外国风貌展现出来，提升学生的视听体验。电教课堂可以帮助学生展望世界，游历各国，操作时只需要一些程序软件，戴上耳机就可以与英语本土人群进行各种话题的交谈，给学生听觉和视觉上的享受。这种教学虽然是模拟语言环境，但是也很亲近自然，消除了学生英语听说上的心理障碍，能够大胆地进行英语对话实践。

（2）尊重语言认知规律，动员全部感官参与学习过程。语言习得需要学生进行听、说、读、写、译，要实现全面发展，必须依靠耳、眼、手、脑、口等多种器官进行立体化学习，这样才能对语言知识感知深刻，记忆力和想象力得到充分发挥。智力因素是影响学习效果的一项重要内容，运用电教手段可以发挥学生学习的自主性和积极性，用脑、用心进行语言学习，反过来这种内化的智力学习又可以促进学习动力和兴趣的形成，学习效果事半功倍。而且电教手段可以提升教学节奏，利用声音传输和视觉感受，增大英语口语的练习密度、强度、广度。这样既节约了教学时间，又提高了学生的语言实践能力，提升了英语教学效果。

（3）提升个性化教学水平。采取课堂授课虽然易组织知识系统，但是没有照顾到个体操练语言的需要。在电教媒体教室，教师可以根据学生能力差异因材施教，满足不同类型学生的知识需求。比如在英语语音教学中，可以通过录音方式辨别学生的认知能力，在语言实验室里可以对个别学生进行指导和纠错。学生大多爱好多媒体教学这一方式，自己主动进行课外训练，找到适合自己的学习方法和学习素材。有的学生可以根据录音模仿难度大的英语发音，有的通过媒体寻找英语对话练习，有的根据多媒体平台自己批改作业。随着电子化教学模式的发展，电教课程从教材上也进行了更新，设计者把教材、练习册、考试试卷、课外阅读打包提供给学生自学。在学习过程中，自学和个性化教学能够充分发挥学生的主体作用，使学生成为学习的主人，找到适合的学习方法，提升学习效果。

第六章　中等职业学校英语
教育创新性教学与评价

英语是中职学校的一门公共必修基础课程，该课程有利于提升学生的综合能力，其重要性不容忽视。掌握良好的英语水平不仅有利于学生个人思想的表达和与他人沟通，也使他们能够接触到更多领域和更深层次的专业知识。熟练掌握英语的学生更容易在多元化的社会中得到好的发展，而缺乏英语技能的学生则可能在继续教育或职业发展中受到阻碍。本章重点论述基于微信的中职英语移动学习研究与实践、中等职业学校英语教学形成性评价的实证探究以及校企合作视阈下中等职业学校英语教学研究。

第一节　基于微信的中职英语移动学习研究与实践

随着互联网的普及以及智能化终端设备的越发先进，现代社会无论是生活还是工作与学习都越来越便捷。一场巨大的革新开始在教育领域推广开来，互联网教育受到了广泛关注，同时也被师生所普遍喜爱。2011 年，腾讯公司推出了一款新的社交软件——微信，这款软件支持手机之间互发消息，社交、通信以及平台服务。通过互联网的支持，微信能够传输文字、语音、图片以及视频，还可以发起多人的群体聊天，并逐步推出了朋友圈、公众平台等新的功能。中青年甚至老年人都成为微信用户，其中学生占了很大的比例，因此微信也成为一种重要的移动学习方式。

一、研究目的及意义

（1）开展研究的主要目的。中职学校开展的英语教育同义务教育中的英语教学模式类似，主要形式都是教师在课堂上集中授课。但是这种照本宣科的教学方式不具有趣味性，也较为死板，英语学习形式局限性较大，教学效果难以达到预期的目标。微信近些年成为普及率极高的一款软件，利用好微信这一移动工具，借此平台开展英语的课内以及课外学习，能有效推进中职学校的英语教学，对学生的语言学习产生积极的作用。应当结合中职学生的特点以及个性，借助微信等移动平台开展中职英语教育的相关研究，开通用于中职英语学习的相关订阅号，利用此平台开展辅助教学，提高学生学习英语的兴趣，提升英语教学的效果，达到预期的教学目的。

（2）开展研究的重要意义。现阶段，利用微信所开展的英语学习在形式上还有局限性，大多都是群聊，发送朋友圈等，微信公众号大多都由政府以及企业等组织用来开展宣传和营销，教育领域还未能对微信这个平台充分加以运用。所以今后还应当借助微信这个公众平台，上传各种英语学习资源，设计更加实用的教学方式，将语言知识通过微信平台推送给需要的学习者，提高教学效率，取得更大的实效。所以，需要对传统的教学模式进行改革，推进基于微信公众平台所开展的移动教学的相关实践及研究，将微信这个新生事物引入英语课堂教学中，借助互联网上有效的公众平台，让学习者及时接收与学习有关的各种文字、视频以及图片，学生则可以随时随地利用碎片时间来开展英语学习。通过新的技术、新的方式、新的事物来改变传统的教学模式，让学习者体会到更多的趣味性，调动起他们学习英语的积极性与主动性，培养良好的学习习惯，增强运用英语的实际能力。

二、英语移动学习的优点

与传统教育模式相比，移动学习有着自身难以替代的优势。

（1）可以突破时间与空间的局限性。与传统教学模式相比，学生可以不受时间以及空间限制，随时随地开展学习，学习的形式也可以是多样化的。而且移动学习具有一个显著的特点，那就是碎片化，学生可以利用自己碎片化的时间来进行学习，学习过程有了极大的便捷性，学生也在一定程度上脱离了对于普通课堂环境以及学习资源的过度依赖。

（2）各种类型的英语学习者及其个性化的需求都能够得到满足。互动性是移动学习模式的一个显著特点，同一个信息在移动平台上可以实现双向沟通与交流，能够根据学习者的实际需求来制定相应的学习内容，知识面更宽，形式更加多样，这对于提高学习者的学习成效，增强学习的自信心都极为有利。

（3）能够极大消除学习者的心理负担。有些学习者性格较为内向，也不擅于同他人沟通与交流，这些学生在课堂上参与互动学习时，往往会有羞涩、紧张等情况出现，大多存有畏难情绪。而如果面对的是"虚拟"的教师与同伴，这样的交流方式在很大程度上能够克服他们的紧张情绪，在学习中和与他人的交流过程中保持一种轻松的心态。

（4）学习者的覆盖范围更广。在传统教学方式下，学生的覆盖面较窄，处于不同区域以及不同职业的学习者无法享有相同的教育资源，而移动学习则突破了这一限制，空间上的局限性因为有了互联网的便捷传输不再是问题，全国甚至全世界的学习者都可以不受地域限制地参与到相同的学习中来，学习环境变得更加公平、更加开放。现阶段我们已经进入了一个全球化的时代，移动学习可以在世界上的任何一个地方展开，不同民族、不同国家的人们可以享受到更加专业、更加便利的学习服务。

三、基于微信的中职英语移动学习理论

对于基础建构主义理论来说，其核心是由学生对已有的经验与新的经验进行相互的作用，在已经有的经验以及知识的基础上开展建构活动，而并不是一种简单信息输入、信息存储与信息提取。教学活动中的主体是学生，各种学习活动必须围绕学生来展开，需要学生将自己以往积累的经验与新的知识相关联，以达到预期的学习目的。所以建构主义学习理论指出，学生能够获取多少知识，其关键并非教师传授了多少知识以及学生掌握了多少知识，而是学生在学习的过程中将自己以往积累的知识同新的教学活动相结合的程度，在于自己所建构的知识有多少。也就是说，学生开展学

习的整个过程就是他们进行知识维度自主建构的过程，知识的创作者实际上是学习者，学习者的主观愿意决定着获取知识的实际过程。

在相同时期内存在着两个重要的理论研究：一是建构主义的学习理论，二是情境认知学习理论。情境认知理论认为，实践无法独立于学习之外，而意义也无法同情境以及实践相脱离，在情境以及实践脉络中意义可以进行协商。这一理论认为知识并不是一个整体，也不能自给自足，个体以及群体的行动之中就存在着知识，这些知识跟随着个体进入新的不同的情境当中并进行协商，由此产生了知识。

（一）基于微信的中职英语移动学习设计原则

（1）移动学习同课堂知识点保持同步原则。之所以要借助微信平台开展移动学习，其目的就是为传统的英语课堂教学提供辅助。所以经微信订阅号向学习者进行推送的教学内容应当与实际的课堂教学内容保持一致，作为课堂教学的一种延续。课堂教学中未完成的内容可以通过微信订阅号继续进行补充学习，英语学习不再被束缚在有限的课堂时间之内，这样课堂学习与课外学习就能被有机相结合。

（2）趣味性原则。在筛选学习资源，设计学习课程时要与学习者的实际知识水平相结合，同时体现出趣味性的原则。在选择学习资源时，应当将图像、声音、文字等融合在一起，充分调动学习者的感官，让他们获取的信息更加丰富。让学习者主动接受信息，调动起学习者学习的积极性和主动性。

（3）学习内容细小化以及碎片化原则。教学要与学生的学习规律及特点相结合，订阅号推送的学习资源保持在5~8分钟的时长为宜，最长不应超过10分钟，内容要尽可能精练、生动，这样学习者才能利用碎片化的时间进行语言学习。

（二）学习者的学习反馈

（1）体现出学习者的主动性。借助微信开展的中职英语教学活动中应当充分体现出个性化学习的特点。学生可以根据自己的实际水平、兴趣点来选择适合自己的学习资源，积极主动地参与到教学活动中来，在教学过程中扮演主要角色，从学习中获得相应的成就感，充分调动起自己参与学习的主动性和对语言学习的兴趣。这样学生才能够主动在英语学习中投入更多的精力和时间。

（2）体现出英语学习的交互性。在传统的教学模式下，教师与学生、学生与学生、师生同教学环境都存在于同一个空间当中，相互之间以一种直接的方式发生接触，但这样对于交互性的作用实际上并不大，而教师同学生之间进行一对一的交流机会更少。学生与学生虽然同处于一个相同的空间之中，但能够用来交流的时间少之又少，借助微信平台所开展的移动教学则在很大程度上促进了师生、生生相互之间的信任与理解。学生的学习与认知也不再被局限于一个封闭的空间之中，他们开始尝试进行合作学习，在群体中获得学习的动力，这样的形式无疑会形成更好的学习氛围与环境，师生之间、生生之间可以相互支持、相互协作，在各自的范畴内共同取得进步。

（3）培养和提升学生的信息素养。在借助微信所开展的中职移动教学活动当中，学生不仅可以利用订阅号所提供的资源开展学习，同时还可以通过其他 APP 开展学习。在此过程中可以练习收集资料、处理资料、储存信息，交流信息，为自主学习能力提升打好基础。

相关的数据分析结果显示，借助微信平台所开展的英语移动教学的实践与研究在很大程度上提升了学生参与学习的意识，学生对这种新的学习模式有着浓厚的兴趣。对于订阅号每天持续推送的信息和资料，大部分学生都能够坚持阅读，还有一部分学生会对这些信息进行分享或收藏，这对于英语教学能够起到积极的辅助作用。

第二节　中等职业学校英语教学
形成性评价的实证探究

现阶段，分数已不能作为衡量学生，尤其是中职学生掌握知识的唯一标准，如果对于分数过于注重和强调，会削弱学生学习的兴趣，弱化学习的动机，令学习的积极性难以持久。形成性评价与传统的教学评价不同，它的目的是同时提高教与学的水平，让学生的学习动机、学习背景、学习情感以及学习态度得到全方位调动，引导学生主动参与到教学活动中来。当学生通过课堂学习感知到了自身的进步，他们就会对自己的行为进行不地评价，以期在学习能力方面获得更大提升。

在所开展的英语课程评价改革中推行形成性评价是大势所趋，也是对英语教学大纲地落实与体现。在对中职英语教学开展评价时，应当将关注的重点放在学习的具体过程中，及时准确地掌握学生在学习中遇到的困难和问题，了解学生所付出的努力以及取得的进步，更有针对性地对学生展开指导，在教学活动中充分发挥教学评价的积极作用。

一、研究目的及意义

（一）研究目的

我国英语教学改革在不断深化，提升学生实际使用英语的能力成为中职院校英语教学的重点目标，各方面都在期待对传统的教学评价体系实行改革，这就要求对教学评价体系进行重新建构，因此产生了形成性评价。目前所使用的高职院校的英语教学大纲也做出了相应调整，目的是避免让总结性评价成为对学生学习情况的唯一评价方式，形成性评价的使用开始得到了重视。

在中职学校开展英语教学的目的是让学生掌握基本的英语使用方法，以此为基础提高学生相关的职业技能。在今后的工作过程，人们还要不断进行自主学习，所以要让学生具备综合性的职业能力。教师可以通过形成性评价了解学生的学习情况，根据统一的教学目标对不同的学生提出不同的学习要求。要顺应学生的个体性发展，建立起多元化的评价体系，这与现代社会对人才的多样化需求相符。

（二）研究意义

现阶段所实行的应试教育中，中职院校的学生往往被视为失败者，他们缺乏学习的积极性，没有掌握正确的学习方法，学习习惯存在问题，英语基础较差。学生的根本是学习，要想在学习上取得进步，就要掌握正确的学习方法。如果能够建立起一套科学有效的评价方法则可以对学生的学习和进步起到积极的促进作用，有效提高学生的学习成绩，提高教师的教学水平。因此，要对目前实行的评价模式进行改革，使其契合中职学生的学习实际及教学目标。

（1）形成性评价能清晰有效评价教学中复杂、隐形的内容（例如学习技能），能够及时地反映出学生学习英语的兴趣及成效，这样教师就可以根据这些信息制定相应的教学策略，从而提高学生的学习兴趣，改善英语教学的效果。

（2）开展形成性评价可以令教师和学生的学习目的更加明确，也能促进学生积极主动地参与到英语教学中来，强化英语学习的动机。

（3）教师应当引导学生深入更加真实的、与实际生活相关的情境中去学习语言。开展形成性评价对学生的发散性思维有很大促进作用，继而提升学生的语言实践能力。教师可以采用不同的方式组织开展英语教学，比如进行角色扮演、情景剧表演等，在这些丰富的学习方式中，学生可以充分发挥他们的创造力与想象力，既能激发他们的创新意识，调动表演方面的兴趣，也能激发起更强的学习动力，同时树立学习信心，培养团队合作的精神。

（4）在实际的教学活动中，形成性评价可以发挥反馈和监控的作用。教师可以通过形成性评价来了解学生的学习情况，在此基础上对自身的教学效果做出评价，审视教学目标是否明确，教材使用是否合理，教学方法是否科学，语言使用是否得当。通过对这些信息进行分析，教师可以查找自己教学工作中的不足，完善教学方法，以期取得更好的教学效果。

二、中职英语教学形成性评价的具体实施

形成性评价是动态、开放的一种评价过程，教学活动全程都存在形成性评价，针对所有教学活动都可以开展形成性评价。可以利用不同的评价工具来开展评价，评价的方式可以是学生相互评价、自我评价，也可以是教师评价；评价的内容可以包括学生学习知识的情况、掌握技能的情况、学习兴趣的情况等。

在学期第一次课以表格形式把本学期需要完成的学习任务列出，并指导学生制订自己的学期计划。学生要做的就是将自己在英语学习上的任务表述出来（可以从听、说、读、写几方面写）、将要达到的目标以及将会使用的学习方法表述出来。此外，在新单元讲授前把该单元的知识点如词汇、句型、语法点、话题、写作要求告知学生，让学生自己制订周学习计划，比如每周应当掌握的句型或词汇，上一周在学习中遇到的问题，本周需要做出哪些改进等。教师应当要求学生每周做周记，对每周的学习重点以及难点进行记录，分析自己在上周的不足之处以及取得的进步，对自己的学习行为及习惯做出反思。教师可以在课堂上通过观察学生的学习情况，对他们提问，组织开展小组活动，来对各个学习环节做出评价，也可以在每个单元学习结束后组织开展单元测试。教师通过这些方式来获得相关信息，并据此对自己的教学方式做出调整和改变，以达到提高教学效果的目的。

（一）对学生"听"的评价

在学习语言的过程中，首先要听懂，在英语学习中这是基础性的环节，也是英语教学中需要得到重视的一个部分。但实际的情况是，大多数学生在口语方面存在着薄弱环节，在课堂教学过程中，教师可以采取以下办法来增强学生的听力。

首先，在课堂教学中向学生教授一些经常用到的词汇和句子，并且将中职英语大纲中出现频率较高的一些词汇整理出来并介绍给学生。其次，结合学生的实际学习情况，将一些难度较高的课堂用语增添至课堂教学过程中来，另外还要将听力题中出现频率较高的词汇筛选出来，让学生重点

掌握。最后，根据每个单元对于听力的学习要求，教师向学生讲解常用句型，帮助他们掌握基本的听力技巧。教师要帮助学生掌握课堂的基本用语，对于听力题中高频出现的词要做到熟读并且能够背诵。在开展听力训练的过程中，教师要注重学生在学习中的个体差异性。降低对于基础较弱的学生的要求，引导他们先对课文进行阅读，对照教材原文进行听力训练，然后抛开课本进行听力训练。对于基础较好的学生，可以要求他们脱离课本，直接进行听力训练，观察他们能否准确理解所提供的对话内容，能不能将其中的关键性信息了解清楚。教师在课堂上应尽量使用英语开展教学，用面部表情以及肢体语言配合教学，帮助学生掌握所教授的内容。

上述活动对英语水平较低的学生而言可能有难度。所以，教师应该让学生在课前进行预习，课中通过各种手段来学习新的词汇，让学生不断锻炼听力。对英语水平较高的学生，就让他们积极参与课堂活动，在课堂上与教师互动。对学生课堂听力的表现采用听力评价表的形式进行自评。学生总结取得的进步和存在的不足，进而确定下一步的努力方向。定期检查学生自评的情况，帮助学生分析存在的问题，从而提出有效的建议。

（二）对学生"说"的评价

语言是交流沟通的工具。学生不仅要学会听，还要学会说，才能达到与人沟通交流的目的。在应试教育的背景下，往往是考什么学什么。由于升学的压力，学生在初中阶段关注听、读、写的学习，而口语未列入中考考试内容，因此被忽略就成了必然。这样一来，几乎所有的学生，无分数高或低，在英语口语方面都存在着某种问题。针对该种情况，为提高学生的表达能力以及学习英语的兴趣，在教学中尝试以下方案来提高学生的口头表达能力。

把口语教学过程分为三个阶段：自由谈论、值日生报告、朗诵及表演对话。

第一阶段是自由谈论。实验初期可由学生自己选定话题，如果大家完成的情况很好，可以提高标准指定话题。根据学号排序，每次两名学生，形式不限（如自己讲述或几人以话剧表演的形式），同时准备好与之相关的几个问题，讲完后向其他同学提问。讲述完参照评价标准首先自评，其次学生互评，最后教师评价。如果一名学生讲述，对话表演评价量表的最后一项评价项目"与搭档配合默契"不用评价。

第二阶段是值日生报告。根据小组排序，每次由两个小组完成此环节的活动。根据每个单元的话题，提前几天告诉学生要准备的话题，让学生以小组为单位，利用课下时间准备材料，活动形式不限，可以一人也可以几个人共同表演。同自由谈论环节一样，表演完需要准备几个问题向其他学生提问。最后表演者首先自评，其次学生互评，最后教师评价。

第三阶段是朗诵及表演对话。以小组为单位进行此项活动。首先在小组内进行自评和互评，其次教师任意抽取小组进行综合评定。

上述形式既锻炼了学生的英语口语表达能力，也提供了提高和锻炼听力理解的机会，同时也能够培养学生的自主学习及学生之间的团结合作。

（三）对学生"阅读"的评价

要想真正掌握语言方面的知识，扩充学习者的词汇量，掌握语感，首先必须进行有效阅读，才能提高阅读能力、口语能力以及英文写作水平。教师可以采取以下方式来培养和提高学生的阅读能力。

（1）对朗读情况做出评价。这个环节应当分为两个部分来进行：一是朗读课文以及单词。升入中职学校的学生在初中阶段已经接触过音标，所以教师在向学生介绍新的单词时，应当让他们先根据自己的经验以及知识来识别和朗读这些单词。二是让他们相互对彼此的识读情况做出评价。在朗读课文时，教师可以先引导学生对课文进行模仿，然后将学生分配进不同的学习小组，让他们在小组内朗读，再由小组成员对朗读情况做出互评，再指定个别学生面对全班同学来朗读课文，组织全班同学对其朗读情况做出评价。教师还应当安排和引导学生在课外多利用时间开展英语学习，并将课文朗读作为一项学习内容列入计划表中。

（2）对阅读情况做出评价。这个环节应当分为两个部分来进行：一是在课堂上开展阅读。此时主要的阅读材料应当是课文。在组织学习课文之前，教师可以先提出一些问题，安排学生在快速阅读课文的基础上回答。二是在课外时间开展阅读。教师可以根据自己的经验为学生推荐一些有益的课外读物，比如英语报刊、小说等，引导学生对这些阅读材料进行简单的判断与推理，并且根据自己的经验以及上下文的意思来猜测生词的词义。教师在组织学生开展阅读的过程中，还应当向他们介绍一些阅读的有效方法，帮助学生学会在文章中快速寻找有用的信息，提高学生的阅读速度。

（四）对学生"写作"的评价

在中职学生学习英语的过程中，还要掌握一项重要的技能，那就是英语写作。通常中职学生在进行英语写作的过程中，大多都会出现一些常见的问题，比如语法使用中出现错误、单词拼写中出现错误等。在语法使用过程中经常出现的问题是时态应用不当、动词人称不准确、数的变化未能体现等。教师往往需要花费大量的时间去批改学生的作业，但是学生对于教师给予的意见往往不够重视，他们更关心的是自己的成绩，所以也静不下心来对自己在英语写作中出现的问题进行反思和总结。所以，在写作中出现的问题往往难以得到有效的解决，传统的作文评价方式也很难令学生的写作水平得到有效地提升。对此，可以采取以下几种方式来改善：

一是引导和鼓励学生写英语信、发英语短信、寄送英语邮件，对于内容则不必过多限制。这些交流方式能够让师生之间增强信任感，同时也加深彼此的感情，在此基础上提高学生的写作水平。二是鼓励和引导学生运用英语来创作文字作品，比如组织学生给同学写信，然后由他们自己来制作信封，对于信函的具体内容则不必做出限制。

三、中职英语教学形成性评价实施结果分析

学生在教学形成性评价的作用下得到了很大的进步。因为运用这种形成性评价，可以提高学生的语言知识和语言技能，提高学生的参与积极性。另外，学生的学习兴趣也因这种评价而得到了增强，这种评价还能够促进学生的合作意识和主动学习能力。

（1）对语言知识掌握的影响。形成性评价可以在很大程度上帮助学生学习语言知识。学生可以通过对学习过程记录找到自己学习方面的不足，

从而调整学习计划和学习任务。

（2）对语言技能的影响。相对于传统评价方式，形成性评价方式更加强调听、说、读、写等能力的培养。以班级为单位开展评价活动能有效地引导学生用所学知识表达个人观点，提高其语言交流能力。通过学生自评、互评和教师评价等方式，还能够帮助学生清晰自己在英语运用方面的优、缺点，并取长补短，完善和提高自己的英语能力。形成性评价能有效提高学生"说""写"的技能，对学生"听""读"的技能有一定的改善。

（3）对学生合作精神的影响。除了丰富学生的专业知识，形成性评价还能够促进学生之间的情感交流，使学生能够在互助当中感受到喜悦，让学生更加善于且乐于彼此交往，增强学生的合作精神。

（4）对学生自主学习能力的影响。学生能够在参与形成性评价的过程中得到进步，从而增强学习自信心。学生会在这种评价方式中得到自己优势与不足的客观分析，提高学生的评价能力和自我更新能力，从而能够更加清晰地认识自我。同时，学生也能够有针对性地确立今后努力的方向，对策略进行调整，逐步提升自主学习能力。

四、教学形成性评价中教师的反思

教师在形成性评价中是评价的实施者，占据评价的主导地位，很大程度上影响评价的效果。

（1）教师自身的素质很重要，这种评价方式是首次尝试采用的，因此，实践经验和理论指导方面都比较薄弱。实施过程肯定会存在很多不足之处，还要发现不足进行进一步完善和反思。一定要在准备充分的基础上再进行形成性评价，教师需要在评价前对相关资料进行大量查阅，深刻理解形成性评价的理念，不应当在实践中照搬书本理念。将理念和实践相结合，同时要了解学生的实际情况，更加具有针对性地制订科学的评价方案，在评价过程中还要不断调整完善自己所做出的评价。

（2）对学生的反思。形成性评价属于双向的评价模式。在分析学生评价结果之后，教师对自己的教学进行适当的改进。在评价中学生是重中之重，评价的成效受到学生评价结果的直接影响。

五、中职学校的英语教学实施形成性评价的保障

形成性评价可以促进学生的合作精神、语言知识、自主学习能力提升，通过实验得到了很多宝贵的经验，但同时也发现了很多不足之处。

（1）中职学生是评价的对象，充分了解对象是必要的。中职学校学生英语基础普遍比较差，没有学习英语的兴趣和动机，以及学习的习惯。他们只一味地重视自己的专业课，对英语没有给予相应重视。教师为了顺利实施形成性评价机制，应当努力做好以下工作，让学生清楚在社会上，英语是十分重要的通行工具，可以帮助他们未来的职业发展，学生在清楚这一点之后，能够拥有一定的英语学习积极性。应当让学生清楚认识到，学好英语可以更好地与他人沟通，并且接触到更深层次、更宽领域的专业知识，不被时代所淘汰。在如今多元化的时代，想要谋求更好的发展，英语是必不可少的工具，如果缺乏英语技能，学生很有可能在未来的职业发展中遇到障碍。教师应当帮助学生明确自己的优势和劣势，有针对性地制订自身的学习计划，确定努力的方向和目标，并且坚定地贯彻学习计划。中职学生通常已经有了自主意识，可以自主判断教师的言论，因此教师不能在评价性教学中一味强迫学生，否则学生往往会在教师实行强硬手段之后产生逆反心理，反而不利于英语的学习。

（2）适时调整形成性评价的策略与方法。其实，各种评价方式从理论上都合理可行，但是，理论与现实常常有一定偏差。例如使用谈话法时会受多方面因素的影响，不可能对每个学生逐个进行。因此，制订和实施评价方案时要切合实际，有的放矢地进行。任何一种习惯的改变都需要一个长期的过程，这就要求教师的教学活动中要持续不间断地贯彻执行。学生的学习行为不会因为一次谈话而有所改变，行为改变是一个反复强化的过程。另外，课堂评价是一种实时评价方式，具有快速、现场和及时等优点，但资料收集、整理和分析工作也非常繁杂，需要教师仔细分析并做出适当处理。此活动占用一定的课堂时间，甚至对教学任务的完成也会造成一定

影响，并且不可能兼顾到每个学生。所以，这种评价方法不必每堂课都使用，根据教学内容的特点，事先制订周密的计划，明确实施过程中课堂的观察重点和评价内容。

（3）为了达到预期的效果，应当积极并且及时地将评价内容反馈给学生。适当向被评价者反映评价内容是反馈性原则的主张，这有助于学生真实客观地了解自己的学习状况，是形成性评价价值的表现。但是反馈到目前为止还没有达到它应有的效果，主要存在以下问题：首先，学生并不会通过书面反馈进行认真反思。其次，面谈形式的反馈受到时间因素限制，很难顺利进行。对此，需要从以下几个方面改善：首先，反馈要及时，对问题应当随时发现随时解决。花费的时间会因为问题的数量少而减少，这样可以让师生比较透彻地交流，达到更好的效果。其次，多次反馈。通常来讲，学生会在反馈之后做出一定的改变，但是很难完全改变。因此需要一个长期的过程来让学生改掉不良习惯，这就需要多次反馈。最后，对于某个特定的群体，可以根据具体情况有针对性地进行反馈。反馈方式会受到时间等因素影响，往往不能过于细化评价主体，可以将学生分为不同的群体，以群体为单位进行反馈，这样同一群体的学生可以互相鼓励，互相督促。

（4）协调处理总结性评价与形成性评价之间的关系。总结性评价和形成性评价各有优缺点，实施形成性评价并非意味着对总结性评价的彻底放弃抛弃。形成性评价能对传统评价方式无法反映的隐性复杂的学习结果和知识技能予以评价，还能深入揭示学生在英语学习过程中表现出的情感态度、合作精神以及自主学习能力等。因此，相对于总结性评价，形成性评价更能全面真实地反映学生的学习发展过程，能对学生的学习发展起到更全面客观的诊断与激励。但是，在实施形成性评价的过程中，也可以通过总结性评价对学生某一阶段学习的语言知识、语言技能的掌握情况进行评价。相对于形成性评价，总结性评价更客观、更直观，也更便于操作，同时还省时省力。因此，形成性评价和总结性评价并非完全对立，而应是相互补充的关系。只有将两种评价方式予以科学有效的结合，才能更好地发挥评价对学生的积极影响。

（5）需要学校和上级主管部门大力支持形成性评价。要想在中职学校顺利实施，不仅仅需要教师和同学的共同努力，学校和上级主管部门的大力支持也是十分必要的。这种评价方式主要是对学生的学习过程进行评价。因此，形成性评价比传统的总结性评价要更加花费教师的时间和精力。教师的工作量会变大、负担会变重，学校应当给予力量有限的教师一定政策上的支持，确保给予形成性评价一个良好的环境，促进评价顺利实施。另外，中职学校应当多多给予教师学习培训的机会，让教师能够提升自我的专业知识。学校还应当支持教师不断深造，丰富自己的专业知识。教师需要不断学习与时代同步，如果只是固守以往的知识，很可能会影响教学效果，学生未来的发展也会受到严重阻碍。

第三节　校企合作视域下中等职业学校英语教学研究

本节针对校企合作"奔驰班"英语教学的具体情况，阐述教学中改变英语单一教材，整合教学内容，采用多种教学方法和多元教学活动，发挥形成性评价和终结性评价的激励作用。探讨以英语语言知识和技能为中心，培养职业能力和提高学生基本素质为目标的英语教学新模式[1]。

福建奔驰公司在 2008 年 8 月和福建理工学校合作创建了戴姆勒班，已经顺利招生五年，一共形成了十个奔驰班，一个奔驰班的人数被设置为30 人，和德国职业教育的小班制要求相符合。在这个班级培育的未来员工可以在日常工作中进行流利的英语对话，具备一定的专业性汽车零部件词汇，听懂简单的英文指令，并且具有较强的协调沟通能力和组织合作能力。学校、学生和企业三个主体从合作办学以来都受益良多。

一、改变单一教材，整合教学内容

为了实现教学目标，一定要运用良好的教材。教材是教学的重要工具，

---

[1]　韦丽华 . 校企合作模式下中等职业学校英语教学改革探讨 [J]. 教育界：综合教育研究（上），2017（1）：147–148.

不仅仅要选择满足职场需求的教学内容，还要在选择教学内容时考虑职业的特点，并且注重实效性和沟通性，同时控制好难易程度。各中等职业学校目前多运用国家指定教材——《英语（基础模块）》，各个学校会选用适合的教材进行职业教学，选用教材时会根据不同专业开设的课程以及课时情况来综合选定。在四年的不断实践中，奔驰班级在英语教学上结合了学生的实际状况，提升了学生的学习兴趣，并且打破了教学内容的常规，将各种实用可用的材料进行了整合，打造了一套科学的教学内容体系。

奔驰班级的学生在这个教学内容体系中先学习一年简单英语，使用的教材是初级版本的《人人说英语》，每个单元都有三个实用对话，十分简短，可以供学生作模仿练习。二年级学习车间英语和相应的常用情景英语，提高课程词汇和英语对话内容的难易程度，每节课难度递增。除此之外，还运用专业的图片和多媒体技术辅助教学，学生可以在这种教学中树立学习的信心，对英语学习产生兴趣。

二、多种教学方法，多元教学活动

中职英语教学大纲中明确规定，学生应当能在说的技能方面给出要求和指令，能够进行日常的简单对话，描述个人生活情况。福建奔驰人力资源部的考试中，对学生的基础英语和专业词汇有所要求。因此，应当采取多元化的教学方法，对学生的英语教学活动进行适当的设计来适应就业的英语实际操作，充分调动学生的积极性。由于奔驰班的学员都是男生，在英语教学中可以运用动作和语言相结合的教学方式，在实践中学习，在学习中实践。主要运用的教学方法有交际教学、任务驱动教学等。

学生在接受交际教学之后，能够用英语向不同的奔驰培训专家进行得体的问候；在接受任务驱动教学之后，对专业的词汇能够进行查找、背诵和默写；在接受项目教学之后，能够用英文标注汽车的各个部位。

这些教学方法是以学生为中心的主体教学模式，把英语对话学习与有趣的小故事、动画短片、表演、介绍相关文化背景、欣赏英文歌曲、观看英文佳片等形式相结合，把枯燥的专业词汇学习任务与实物观摩、汽车零部件挂图、小组合作海报设计、中英文混合口头展示、词汇接龙、词汇背诵、默写比赛等多种游戏形式相融合。此外，企业要求学生不仅要掌握专业技术知识，还应具备良好的文化素质和思想道德素质。因此，英语课堂教学中引入实践性的团队合作精神培训活动，丰富教学内容与形式。一方面学生参与到活动中可以活跃课堂气氛，促进大脑兴奋，更好地吸收相关知识；另一方面，英语课也培养了学生的文化素养和职业素养，锻炼了学生的"软技巧"，如沟通能力、合作能力、领导能力等。

三、教学评价的开放性和选择性

继续和深化教学就是教学评价，教学评价是组成教学工作的重要部分。新大纲表明，教学评价要结合终结性评价和形成性评价、结合定量和定性评价，结合教师和学生的自评和互评。可以采用多样化的评价形式，比如课内外活动、作业等。终结性评价课程形式有口试，笔试等，也可以对真实性任务进行采用。由此可见，评价是具有多元性内容的，它包含了素质、能力、学习过程。同时这也体现出评价的主体和方式是多元的。

评价可以依据中职学生的学习基础和心理特点予以充分激励。形成性评价可以收集学生的信息，整合英语学习资料，同时这种教学也能够促进课堂和小组的相互交流，平时成绩由教师和学生的自评互评确定。在总成绩当中，平时成绩占60%。期末考试也不再延续传统单纯的书面考试方式，考试方式更加多元化，有开卷闭卷、口试，笔试等。奔驰班级学生的英语学习成绩的评定包含以下两个部分：40%的水平性评价，60%的形成性评价。这种评价方式能够提高学生的学习能力，让学生能够在学习过程中树立自信，统一学习活动、学习成效以及学习过程。

四、教学改革成果

在职业教育趋势中校企合作班具有明显优势，在福建省校企合作成为潮流。奔驰班在这一背景下，首先打破英语教学的传统方式，在英语的语言知识和技能教学中引入未来的工作场景，培养学生的英语技能及综合性能力，英语教学新模式已经初步形成。

　　奔驰班的英语课程在多元智能理论和分层次教学理论的指导下，教学目标得以顺利实现，学生具有了更强的英语能力。但一些问题也是不可避免的，比如在三个学期内学习的英语内容较少，学生没有明显的口语交际能力的提高，不具备较长时效的词汇记忆，同时也不符合奔驰公司对学生专业词汇的要求，教师往往会在课堂中过多使用中文等。

参考文献

[1] 曹倩瑜.英语教学理论与教学法 [M].西安：西安交通大学出版社，2017.

[2] 冯克朋.张晨霞新英语课堂教学理论与实践 [M].上海：复旦大学出版社，2014.

[3] 史航.英语教学实践与技巧 [M].哈尔滨：哈尔滨地图出版社，2008.

[4] 陈永贵.中等职业学校面向对象的分层教学改革方式探析 [J].中国职业技术教育，2017（20）：17–19.

[5] 程煜，曾如刚.基于高职学生职业能力提升的完整任务课堂设计研究——以国际贸易实务专业《外贸英语函电》课程为例 [J].职教论坛，2017（35）：54–58.

[6] 奉莉.EOP 理论指导下我国高等职业教育英语教学研究——评《以提升能力为本——基于学生研究的英语教学》[J].当代教育科学，2017（10）：99.

[7] 郭莉萍.基于母语思维参与的英语课堂生态化构建 [J].教育理论与实践，2018（3）：48–50.

[8] 胡梅.微课在职业技术教育教学活动中的基本价值与使用限度探讨 [J].职业技术教育，2017（8）：36–39.

[9] 黄斌."走班制"下高中生物分层教学模式的实践与探索 [J].中小学教师培训，2017（1）：65.

[10] 黄正轴，徐谷，熊秀芳.中等职业教育专业设置与区域产业对接实证研究——以武汉市 48 所中等职业学校为例 [J].中国职业技术教育，2018（11）：35–39.

[11] 季建华，刘泽锋.如何建构中等职业学校信息化教学的课堂 [J].中国职

业技术教育，2017（29）：90–94.

[12] 姜伯成，屠明将．中等职业学校法治教育实施的成效、问题及改进 [J].
教育与职业，2018，928（24）：54–60.

[13] 蒋欢欢．交际教学法视角下的高职英语教学改革策略——评《交际教
学法在高职院校英语教学中的应用研究》[J]. 教育理论与实践，2018
（2）：88.

[14] 李同吉，王斌．中等职业学校教师项目教学信念发展研究 [J]. 职教论坛，
2018，695（7）：84–91.

[15] 林琳．微课在高职英语分层教学中的应用 [J]. 职业技术教育，2017，38
（23）：50–53.

[16] 刘萍．互动教学法在英语写作教学中的运用——评《英语写作教
学——课堂互动性交流视角》[J]. 教育理论与实践，2017（17）：2.

[17] 刘远志，唐勤泉，尹虹霓．地方高校应用型英语专业教学改革与人才
培养的思考 [J]. 教育评论，2018（1）：56–60.

[18] 娄惠茹．高职院校专业英语教学的困境与出路 [J]. 教育理论与实践，
2017（24）：27–29.

[19] 马利娟．中职英语"三段式"单元主题教学的实践研究 [J]. 中国职业技
术教育，2017（14）：34–37.

[20] 闵丽平，刘广武．高职院校英语课堂文化建设的思考 [J]. 中国职业技术
教育，2017（13）：86–89.

[21] 莫莉萍，蒋庆斌，马仕麟．高职机电一体化技术专业分层教学的研
究与实践——以常州机电职业技术学院为例 [J]. 教育理论与实践，
2019，39（3）：14–16.

[22] 沙原，徐颖．职业英语技能大赛与中职英语教学改革的有效对接 [J]. 职
业技术教育，2018（8）：61–63.

[23] 邵海燕，丁宏伟，纪楠．互联网技术在英语听说教学中的应用研究
——评《网络环境下大学英语听说教学研究：理论、模式与评价》[J].
教育理论与实践，2017（8）：67.

[24] 苏荟，孙毅．我国中等职业教育经费投入效率的实证研究——基于 DEA-BCC 模型评价 [J]. 继续教育研究，2017（11）：11–13.

[25] 王暖．基础英语分层教学改革中的微课建设与应用 [J]. 中国教育学刊，2017（S1）：127–129，155.

[26] 韦丽华．校企合作模式下中等职业学校英语教学改革探讨 [J]. 教育界：综合教育研究（上），2017（1）：147–148.

[27] 吴莎．高等职业教育英语教学与学习的问题发现与建议——基于高职高专英语能力测评现状和需求调查 [J]. 中国外语，2017（6）：34–36.

[28] 肖永刚．中等职业学校电子类专业教学现状调查分析——以江苏省泰州市为例 [J]. 职业技术教育，2018（8）：37–40.

[29] 许辉．基于人本主义理论的大学英语分层教学实践探索 [J]. 教育评论，2018，231（9）：127–131.

[30] 薛原．形成性评价在中等职业学校英语教学中的应用初探 [J]. 科技经济导刊，2018，26（30）：187.

[31] 闫娟．基于智慧课堂环境的高等职业教育教学探索 [J]. 中国成人教育，2018，456（23）：94–96.

[32] 杨蕴文，郭京华，马月秋．英语听力课堂上基于过程的元认知策略教学 [J]. 职业技术教育，2018，891（5）：50–53.

[33] 张冲．中等职业学校积极心理健康教育支持系统的发展特点和关系的个案研究——以一所面向农村的职业高中为例 [J]. 中国特殊教育，2017（12）：11–13.

[34] 张扬群，吕红，彭春．中等职业学校教学工作诊断与改进的校级方案编制策略 [J]. 中国职业技术教育，2017（23）：47–54.

[35] 赵嘉葳，黄旭升．中等职业学校会计类专业课程教学研究综述 [J]. 职业技术教育，2018（1）：42–45.

[36] 赵雯宇．中等职业学校英语考核方式改革对英语教学反拨作用的实证研究 [J]. 学周刊，2017（21）：12–15.

[37] 周仲飞．英语同一课堂分层教学的设计与运用 [J]. 教学与管理，2018，

737（16）：66-67.

[38] 卓张众 . 英语语法教学的"三个转向"及其实践策略 [J]. 教育评论，
　　 2018，227（5）：143-147.